El ESPIRITISMO libre de sincretismos religiosos.

Una guía para saber lo que es y no es el Espiritismo; así como saber lo que son y no son los espiritistas.

José E. Arroyo

El ESPIRITISMO libre de sincretismos religiosos

Por José E. Arroyo

Segunda Edición, agosto 2013.

© 2013 José E. Arroyo

ISBN-13: 978-0615866345

ISBN-10: 0615866344

Todos los derechos reservados.

El beneficio económico de esta obra estará destinado a apoyar financieramente las tareas divulgativas, educativas y humanistas de la Escuela Espírita Allan Kardec Inc., de Puerto Rico y producir otros trabajos escritos.

Para información sobre la Escuela Espírita Allan Kardec, visita www.educacionespirita.com

e-mail: espiritismoenpr@gmail.com

Dedicatoria

Esta obra está dedicada a todos los espiritistas genuinos y sinceros que nos han precedido: a quienes han ideado la Doctrina Espírita, a quienes han estudiado la Doctrina Espírita, a quienes han meditado la Doctrina Espírita, a quienes han profesado la Doctrina Espírita, pero en especial a quienes han practicado la ética, la moral, las profundas y trascendentales enseñanzas humanistas y universales que nos presenta la Doctrina Espírita; a ellos les dedico esta obra.

También hago una mención muy especial para Geannette, quien me ha inspirado, apoyado y estimulado a escribir este libro y a hacer más por la comprensión y divulgación del Espiritismo; así como los hermanos y amigos que a través de los años han compartido o permanecen compartiendo con nosotros en la Escuela Espírita Allan Kardec.

Prefacio

No hay duda que los avances del mundo moderno presentan nuevos retos para la civilización. El progreso ha dado paso a la creación de circunstancias nunca antes vistas en la historia de la humanidad. La crisis global resultante de dichos cambios, ha provocado a su vez nuevas inquietudes que atentan contra el bienestar y seguridad del ser humano. A la vez que el individuo se enfrenta con el crimen, la corrupción, el hambre y la enfermedad, busca formas de subsanar la angustia que le provocan las calamidades sociales.

Desafortunadamente, los remedios que explora el ser humano para enfrentar dichas circunstancias, son aquellos que espera le produzcan resultados inmediatos y que no requieran esfuerzo alguno. Además, muchos seres se conforman con aceptar que la vida se limita a la existencia del individuo, desde el nacimiento hasta su muerte y por lo tanto, vivir significa sentir placer y evitar el dolor. Entonces, la ruta de menor resistencia y de más fácil manejo es la de volverse hacia sí mismo y procurar su propio bienestar. ¿Para qué molestarse en intentar cambiar algo que le ocupa su tiempo y le impide disfrutar plenamente de la vida?

En respuesta, el ser humano centrado en sí mismo, se refugia en acciones improductivas, dividiendo su tiempo entre la enajenación, el entretenimiento y el ocio. Pensando solo para sí y no viendo nada más que la inmediatez de la circunstancias, resume el objetivo de cada amanecer con el de sobrevivir cada día para disfrutar cada instante de la vida, dando rienda suelta a las pasiones sin medir consecuencias, y así anestesiar su mente y olvidarse de su entorno.

Pero ese enfoque tiene su propio término. Tarde o temprano el hastío, el aburrimiento, la insatisfacción, la injusticia o el dolor le alcanzará como consecuencia de sus propios actos y le tocarán a su puerta para provocar la reflexión. La ilusión de la felicidad que el placer le provocaba, ya no le llena. Su propia visión de la vida le impedirá encontrar respuestas a esas experiencias y se encontrará desprovisto de las herramientas necesarias para enfrentar su inconformidad con la vida. El dolor y el vacío sirven entonces como el aguijón que lo mueve a buscar más allá de su disfrute inmediato y lo llevará a examinar su existencia, sus emociones y su esencia.

Entonces la vida ha de tener otro sentido, más allá de su disfrute. Debe haber algo más allá que explique la razón del sufrimiento, del vacío, del dolor. Es aquí cuando el individuo considera dirigirse hacia lo Alto para encontrar respuestas. La filosofía, sin darse cuenta, encuentra espacio en su pensamiento para iniciar su descubrimiento como un ser trascendental. ¿Quién soy, de dónde vengo, hacia dónde voy? La necesidad de conocerse a sí mismo empieza a emerger. ¿Realmente la vida culmina con la muerte? Explorando un sentido más amplio de la vida, comienza a considerar la posibilidad de una vida más allá de la muerte. ¿Y quién le puede dar esas respuestas con una explicación lógica, racional y libre de dogmas? La ciencia del Alma; el Espiritismo; aquella que le provee consuelo a los pesares, sentido a las experiencias de la vida y esperanza en el porvenir.

A pesar de que han transcurrido más de 155 años del nacimiento del Espiritismo con la publicación de la primera edición de "El Libro de los Espíritus", el 18 de abril de 1857, existe aún mucha confusión y desconocimiento sobre lo que realmente es el Espiritismo. Más bien, el concepto que se tiene cotidianamente sobre el Espiritismo es uno influenciado por prácticas sincréticas (la fusión de varias ideas en una) que impiden una comprensión clara sobre lo que el Espiritismo puede ofrecer. Muchos piensan que el Espiritismo es otra religión, porque así mismo lo han proyectado aquellos que se han hecho llamar espiritistas sin haber estudiado en profundidad el tema.

Al revisar el momento histórico y estudiar cómo fue divulgado el Espiritismo por Latinoamérica podemos entender las razones por la cuales el Espiritismo fue confundido con prácticas religiosas que no guardan relación con los fundamentos de esta ciencia filosófica de consecuencias morales. Podemos definirlo así: "El Espiritismo es la ciencia que trata de la naturaleza, origen y destino de los espíritus, y de sus relaciones con el mundo corporal".

La religión se asienta en dogmas; admite lo sobrenatural, su vía de conocimiento es la fe; adopta ritos; cultos, liturgias; se organiza en iglesias; posee sacerdotes, jerarquías, y otros. Mientras que el Espiritismo se respalda en la ciencia; excluye cualquier tesis sobrenatural; preconiza la razón como fuente del saber; no tiene ritos, altares, ceremonias, templos o clero. El Espiritismo no guarda relación con ningún género de supersticiones. En el Espiritismo no hay prácticas de africanismos, indigenismos, o ritualismos étnicos, religiosos, folklóricos o sincréticos, ni se hacen rezos, baños de plantas, consumo de aguardiente o tabaco, inhalaciones tóxicas, curaciones mágicas, maleficios o encantamientos.

Si esto le causa sorpresa o confusión porque pensaba que estas prácticas guardaban relación con el Espiritismo, entonces considere que ha descubierto que la idea que tenía sobre el Espiritismo era una sincrética. Para conocer el Espiritismo libre de sincretismos, proceda a disfrutar de la lectura de este libro.

Exhortamos al amigo lector que lea con detenimiento la información contenida en esta obra. En ella encontrará una clara distinción entre las diversas corrientes espiritualistas afro-caribeñas y latinoamericanas existentes, las cuales tienen su propia identidad, origen e historia; con las cuales erróneamente se ha querido asociar al Espiritismo; asunto que demás estará recalcar que nada tiene que ver una con la otra, más allá de una pobre comprensión y confusión de quien pretenda igualarlas.

Dr. Iván J. Figueroa Agrinsoni

Presidente, Consejo de Relaciones Espírita Puertorriqueño (CREPU)

Sub-director, Escuela Espírita Allan Kardec

31 de enero de 2012

Prólogo

Para comprender el mensaje total de esta obra, hay que conocer el contexto por el cual, para el cual y en dónde se escribe. Confiando en que este libro trascenderá las barreras marítimas de nuestra querida isla de Puerto Rico, consideramos importante hacer estas aclaraciones.

Deseamos enfocarnos en el asunto de la confusión y prejuicio existente en Puerto Rico en torno al Espiritismo y la reacción de pavor, desprecio o tabú que evoca su sola mención ante el público. No obstante, reconocemos, al intercambiar ideas con espiritistas en el ámbito internacional, que también este libro les servirá para ubicarlo en un contexto que le sea particular y útil a cada país.

Aclaro, que el escribir **Espiritismo** con mayúscula no es un error de imprenta, sino un reconocimiento al nombre propio de una Ciencia que merece el respeto de todo libre pensador, de cualquier estudioso sincero de la Filosofía y por consiguiente de todo buscador de la Verdad.

Como es evidente, este es un libro escrito por un espírita o espiritista para los espíritas o las personas que interesen conocer seria y profundamente el Espiritismo. Este texto no tiene el propósito de simplemente ocupar un espacio en una biblioteca, sea pública o privada, sino, el de aclarar un asunto sumamente importante. De igual manera, tampoco será este un trabajo de crítica valorativa a los rituales, sacrificios y formas de llevar la religión o prácticas de diferentes cultos sincréticos extendidos a través de América u otros países. La efectividad, legitimidad o profundidad de las prácticas sincréticas no serán abordadas en este libro, pues ese es tema de reflexión a la luz de los hallazgos espíritas en torno a la facultad mediúmnica, las facultades anímicas, la acción del magnetismo y las relaciones entre encarnados y desencarnados. Esos temas han sido ampliamente abordador por autores, tratadistas e investigadores especializados; e invitamos al lector interesado a buscarles entre la vastísima bibliografía espiritista que existe, o a consultarnos al respecto.

Mucho se ha escrito en torno al Espiritismo en Puerto Rico, pero increíblemente, poco ha sido escrito por los propios espiritistas. Cuando comparamos los trabajos universitarios (Tesis, Monografías o investigaciones), las publicaciones de carácter histórico, sociológico, antropológico y psicológico que dicen algo acerca del Espiritismo en Puerto Rico, entonces notamos la veracidad de esta aseveración. Desafortunadamente, no todo lo que se ha escrito ha sido libre del prejuicio, de la generalización y del interés por reducir el Espiritismo a una mera expresión de espiritualidad popular, para simplificar los hallazgos y pasar la página. A través de plumazos simplistas y algunas llanas investigaciones, se ha querido identificar el Espiritismo con el mediumnismo popular, cosa que exploraremos en esta obra.

Con este libro, pretendemos reivindicar el sitial que le corresponde correctamente al Espiritismo, comenzando por la percepción de los propios espiritistas. La confusión que hay entre lo que es el mediumnismo, las prácticas sincréticas de los espiriteros, la mala fe de los charlatanes que viven de la credulidad ajena, al igual que la de los líderes religiosos que olvidan pregonar la tolerancia y el amor, en verdad y en espíritu, han distorsionado la realidad de los puertorriqueños y han provocado una receptividad obtusa al mensaje de Consuelo, Esclarecimiento y Paz que ofrece el Espiritismo.

Recomendamos al apreciado lector, con carácter de urgencia, la lectura del libro *"Africanismo y Espiritismo"* del autor brasileño Deolindo Amorim. Dicho trabajo ha servido como una, de múltiples referencias bibliográficas básicas en torno a lo que veremos a través de los siguientes capítulos.

Para concluir, es necesario señalar que partimos de varias premisas que elaboraremos y sustentaremos a través del libro, siendo la principal de ellas la siguiente: **No existe** el *espiritismo folclórico* o el *espiritismo santero* ni el *espiritismo cristiano* o el *espiritismo de mesa blanca*; así como no existe el *espiritismo de cordón*, ni el *espiritismo cruzado*, el *espiritismo filosófico* o el *espiritismo científico*, simple y llanamente existe el ***Espiritismo***. Así, sin apellidos, desviaciones ni adaptaciones caprichosas de acuerdo a las preferencias de los individuos y sus limitaciones.

Confiamos en que nuestro querido lector encontrará este libro informativo, interesante y ameno. Esto nos será grato. No obstante, nos llenará de júbilo el que un día podamos intercambiar impresiones y poder escuchar que este libro principalmente le esclareció y le sirvió para enfocar su ruta en el camino hacia Dios, por el Amor y la Ciencia.

-   El Autor -

Bayamón, Puerto Rico, enero de 2012

Tabla de Contenidos

Objetivos

Para abordar el tema que nos ocupa, queremos esbozar un mapa guiado por varios objetivos que nos ayudarán a cumplir nuestras metas:

1. Estudiaremos resumidamente algunos de los sincretismos religiosos que hay en América y presentaremos en contraste lo que es el Espiritismo.

2. Delinearemos claramente la división epistemológica que hay entre varios de los sincretismos, prácticas sincréticas populares (bohíque-afro-católicas) y el Espiritismo.

3. Clarificaremos las diferencias entre lo que es el Espiritismo y las costumbres sincréticas populares (bohíque-afro-católicas); presentaremos sus características, prácticas y posibles orígenes.

4. Interesamos motivar en el lector el deseo de investigar más a fondo el tema presentado.

¿Qué es sincretismo?

¿A qué nos referiremos cuando se utilice el término sincretismo?

Sincretismo, según la Real Academia Española:

1. Sistema filosófico que trata de conciliar doctrinas diferentes.

2. Expresión en una sola forma de dos o más elementos lingüísticos diferentes.

Observaremos a lo largo del libro cómo diferentes creencias, que no guardan relación con el Espiritismo, encajan perfectamente en ambas acepciones del término y específicamente se encuadran en posturas llanamente definidas.

Nos referimos a estas prácticas en plural (sincretismos) porque, aunque el término en singular ya evoca la mezcla de dos o más pensamientos, en el contexto de esta obra dos o más ideas conforman un mismo tipo de sincretismo, dando lugar a múltiples formas de estos.

Trasfondo histórico-cultural

Vamos a hacer un pequeño viaje a través de la historia guiándonos con varios mapas de los distintos lugares que tienen que ver con nuestro tema. Comenzaremos con África ya que es la que más directamente nos interesa en cuanto al en el tema del sincretismo.

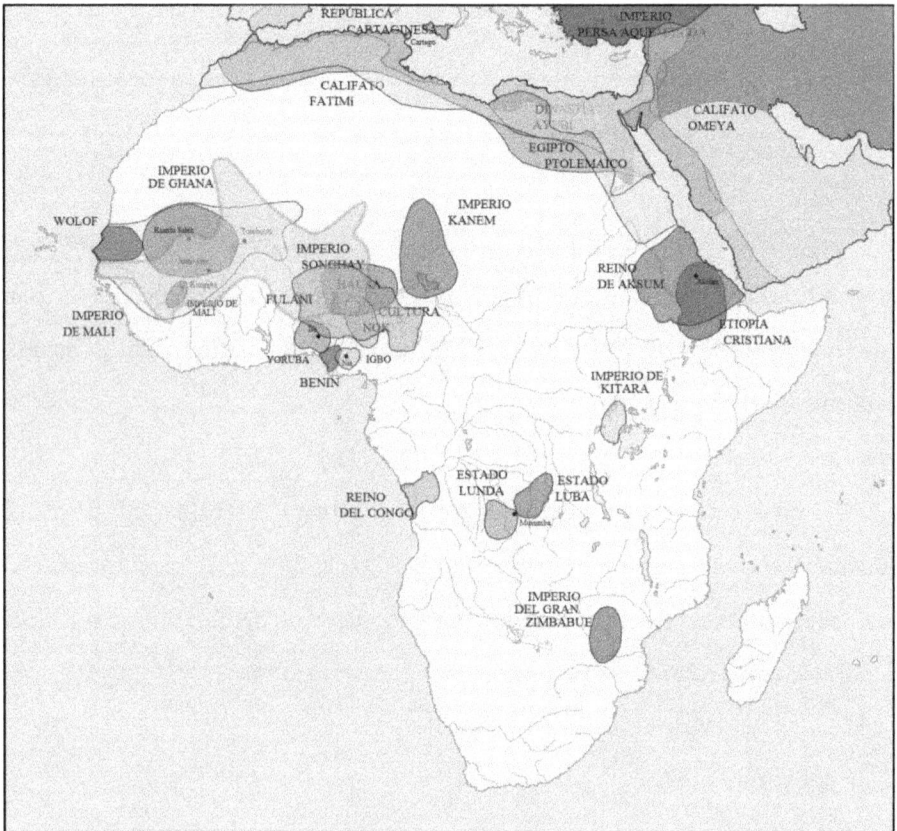

Reinos y civilizaciones africanas entre los años 500aC y el 1500dC.

Aprovecharemos la ocasión de ilustrar en este mapa algo muy obvio y aclarar un concepto erróneo, pero muy popular por cierto, y es que se dice comúnmente que todo el sincretismo religioso es igual. Incluso entre los mismos practicantes de las varias religiones de origen africano se ha popularizado dicho pensamiento. Pierden la perspectiva de que no todas las tribus tenían las mismas deidades, formas de adorarlas y rendirles tributo, ¡ni siquiera tenían el mismo dialecto, ni color de piel!

Fueron diversos los lugares de donde se extrajeron esclavos: inicialmente provinieron de los reinos, aldeas y tribus establecidas al sur de los ríos Níger y Senegal, zona conocida como la Costa de los Esclavos y que hoy comprende entre otras naciones a Senegal, Guinea (Guinea-Bissau y Guine, Sierra leona, Liberia, la Costa de Marfil, Ghana, Togo, Benín (antiguamente Dahomey) y Nigeria. Más tarde, según fue despuntando el comercio con las colonias de norte América, la demanda por esclavos africanos aumentó. Por esto, la trata esclavista se expandió hasta lo que conocemos como Angola y el Congo (República Democrática del Congo y República del Congo). Incluso, fueron tan aventureros los traficantes de esclavos que penetraron las entrañas del continente africano en busca de la mano de obra negra. Los grupos principales que definen a los negros esclavos traídos a América, incluyendo el Caribe, fueron:

Negros Ladinos:

Esta división incluye todas las etnias africanas utilizadas en las Américas como esclavos. Eran negros criados o nacidos en España o Portugal, principalmente. Fueron los primeros en traerse a las colonias. Se importaron mayormente de Castilla y Sevilla. Ya habían sido *cristianizados* y hechos a las costumbres españolas. Su libertad sufrió un mayor control y las exigencias del trabajo eran mayores. De aquí llegaron los llamados libertos (esclavos que habían conseguido su libertad). Eran usualmente los negros de la servidumbre, los de la "Casa Grande", los *domesticados*.

Negros Bozales:

Esta segunda división es la forma en que se hacía referencia a los esclavos traídos directamente de África. Estos fueron los esclavos de los primeros siglos. Pertenecientes a pueblos y tribus en el Sudán Occidental. Este grupo lo componían algunas de las siguientes tribus:

Jelofes- vivían en las márgenes del río Senegal. Habían sido convertidos al Islam a través de las incursiones árabes al continente africano.

Mandinga- eran de territorios entre Senegal y Gambia. Eran musulmanes también. De ellos es que nos llega el refrán: "el que no tiene de Dinga tiene Mandinga". Recordamos al personaje Kunta Kinte de la afamada serie de televisión "Roots" (Raíces), quien era un orgulloso guerrero Mandinga.

Fula- venían también de territorios entre Senegal y Gambia. Como los anteriores, eran musulmanes. Se caracterizaban por sus rasgos caucásicos o blancos. Dicha característica se debe a la influencia árabe en el continente africano, en el cual vemos toda una gama de colores de piel, entre ellos las características caucásicas.

Bláfadas- del sur de Senegal y Gambia, llegaron en el siglo XVI a las Américas. Fueron muy importantes entre los esclavos de las Antillas.

Cangá- venían de Sierra Leona. En el siglo XVIII y XIX llegó la mayoría de este grupo.

Farti- Eran los negros de las minas. Vinieron de la Costa de Oro en los siglos XVI y XVII. Se adquirían mayormente por contrabando con los ingleses y holandeses. Tenían tendencia al suicidio. Creían que *renacerían* en su tierra natal.

Yorubas- venían de Nigeria. De ellos son las tradiciones yoruba y el culto a Changó y otras deidades conocidas popularmente.

Grupos del África Bantú:

Conocían el hierro. Sus sociedades obtuvieron un alto desarrollo político. Minaban el oro. Creían en la poligamia. Tenían un sistema agrícola bien desarrollado. Existía el trabajo en forma cooperativa y organizada.

Congos o Bozales- eran vendidos a los barcos negreros que comerciaban cerca de la desembocadura del río Congo. Eran grupos étnicos del África ecuatorial. Tenían un nivel de desarrollo material y técnico bastante alto.

Angolos- eran de Angola. Fueron traídos por los portugueses. Fueron importados a Puerto Rico hasta el siglo XIX. Su aportación a nuestro léxico incluye: candungo, funche, motete y otros.

Mozambiques - provenían de la parte oriental de África. Fueron traídos a Puerto Rico por los portugueses. Se le conocían como Zambos o Mozambos. Las palabras "monga y cachimbo" vienen de este grupo.

Considerando estos orígenes tan dispares, el sincretismo religioso se da como la resistencia a la esclavitud más importante: "pueden poseer mi cuerpo, pueden llevarme de mi tierra, pueden obligarme a trabajar, pueden abusar de mí; pero no pueden poseer mi alma ni dejar que mis ancestros mueran por mi culpa" estas son las palabras que resumen la lucha cultural de la colectividad africana en América.

Ejemplos de sincretismos religiosos

Al tratar de imponérseles la religión católica y de renegar a sus dioses, la mejor manera de demostrar la *sumisión* al nuevo amo blanco era la no confrontación. A pesar de esto, lo ingenioso y perspicaz de estos pueblos salió a flote al percatarse que muchas de las deidades africanas tenían cualidades similares a las adjudicadas a muchos santos católicos; fácilmente se podría disfrazar la adoración a los dioses por el culto a los santos. De esta forma y bajo la excusa de hacer festividades y ofrecer sacrificios para los santos, se les permitía a los esclavos el realizar diversos bailes y fiestas en honor a sus deidades.

He ahí los orígenes de los cultos sincréticos de origen africano. Si fuésemos a estudiar someramente los lugares en donde afloraron dichos cultos sincréticos los podremos identificar con sus particularidades regionales, tal como lo haremos en las siguientes páginas.

Sincretismos de Cuba

Santería (Regla de Ocha).

Principalmente se le atribuye a la llegada de los esclavos de tribus Yoruba/ Lucumíes de la región de Nigeria. Los Yoruba dicen que cuentan con más de 400 deidades diferentes. La complejidad de su cosmología ha llevado a los estudiosos occidentales a comparar la sociedad Yoruba con la Grecia Antigua.

Las deidades Yoruba son conocidas como Orisha, y el dios principal es Olorun (*el dueño del cielo*). No existe ningún tipo de sacerdocio organizado o templos en honor de Olorun. Según la religión Yoruba cuando una persona muere, su alma entra en el reino de los antepasados desde donde ellos continúan teniendo influencia sobre las cosas de la Tierra. Anualmente, los cabezas de linaje (ya que el sacerdocio yoruba se lleva por línea de linaje) son responsables de honrar a todos los antepasados en lugares mantenidos expresamente para este fin. Otros orishas importantes son Eshú, el embaucador; Changó, el dios de trueno y Ogún, el dios de hierro y la tecnología.

Se les reconoce todo un sistema religioso con múltiples ceremonias, palabras y actos sagrados, matanzas y sacrificios de animales, entrega de alimentos y rezos diversos para las actividades de la vida. Se puede decir que los principales objetivos del culto a los dioses Yoruba son: Pedir protección espiritual contra la enfermedad y los males enviados por otras personas; adorarlos y recibir palabras de orientación de los *"santos"*, solicitar favores (amor, suerte, éxito) y otras preocupaciones de índole cotidiana.

A manera de comparación, en cuanto a la complejidad de su panteón de deidades y para entender algunos de los atributos y poderes que se le adjudican a las deidades de esta práctica sincrética, presentamos la siguiente tabla:

Orishas	Iconolatría Católica	Deidades griegas	Deidades romanas
Eleguá	San Antonio de Padua	Zeus	Júpiter
Babalu-Aye	San Lázaro	Apolo	Febo
Bacoso	San Cristóbal	Ares	Marte
Aganyu	San José	Hefestos	Vulcano
Orungán	Niño Jesús	Hermes	Mercurio
Obatalá	Señora de la Merced	Poseidón	Neptuno
Ogún	San Pedro	Hera	Juno
Orunlá	San Francisco de Asís	Atenea	Minerva
Oshún	Sra. de la Caridad del Cobre	Afrodita	Venus
Oyá	Sra. De la Candelaria	Hestia	Vesta
Yemayá	Nuestra Señora de Regla	Artemisa	Diana
Changó	Santa Bárbara	Deméter	Ceres

Como toda religión mística, sus sacerdotes, babalawos o babalaos, tienen conocimientos secretos o reservados a los iniciados. Encontramos entre estos sacerdotes a aquellos que viven ordinariamente trabajando como individuos normales en la sociedad y a los que viven holgadamente de los servicios prestados a sus clientes y seguidores. Grandes cantidades de dinero se mueven a través de las manos de algunos de estos sacerdotes, como compensación por favores o para la compra de la bendición o protección de sus deidades.

La Regla Conga (Palo Mayombe)

Se llama Mayombero o Palero al hechicero de tradición Conga, oficiante de la Regla (tradición) que se conoce como Palo Monte, la cual rinde culto a los muertos y a los espíritus de la naturaleza. Mayombe es la íntima relación del espíritu de un muerto, que junto con los animales, las aguas, los minerales, las tierras, los palos y las hierbas, conforman el universo adorado por los descendientes cubanos de los hombres traídos del reino de Manikongo.

Las Reglas Congas, ya que son varias, carecen de un panteón complejo de divinidades, pero poseen un sistema de rituales que, según sus creencias, es extremadamente eficaz y procede directamente de Nsambi, o sea de Dios. Dominan lo que hoy llamamos Homeopatía y son muy naturistas.

Los negros conocidos en Cuba como Congos proceden de una extensa zona del África occidental que comprende desde el sur del Camerún hasta la parte meridional de Angola e incluye el área de Mozambique, en la costa sureste del continente africano. Entre los pueblos que hallamos en esta región se destaca el kongo o bakongo propiamente dicho, cuyo idioma --el kikongo -- sirvió de base a la lengua conga cubana y cuyo sistema de creencias y prácticas religiosas influyó de modo decisivo en la conformación de las Reglas Congas. Los grupos Congos llevados a Cuba son numerosísimos: Angunga (Congos Reales), Angola, Bakongo, Benguela, Biyumba, Kasambo, Kimbisa, Kinfuiti, Loango, Mayombe, Mbaka, Mandongo, Muluanda, Mundembu, Musabela, Nbanda, Ngola, Oriyumba, Quisama, Songo y otros.

En las Reglas Congas existen diversas ramas, tales como la Regla de Palo Monte, la Regla Kimbisa, la Biyumba, la Musunde (o Musundí) y la Brillumba (o Vrillumba). Es común en Cuba usar el marbete de Palo Monte o Mayombe para referirse a todas las reglas congas en su conjunto, cuando en verdad esta no es sino una de ellas.

Es sumamente curioso cómo algunos santeros o seguidores de la Regla de Ocha asocian a los Paleros con hechiceros del mal. Nuestra investigación encontró que, efectivamente, se les advierte a los fieles contra los Paleros (Regla del Congo) por considerárseles la antítesis de las enseñanzas de la Regla de Ocha (Santería) ya que se utiliza principalmente para traer desgracias a los enemigos de los que consultan a los Paleros. Tales alegatos encuentran seria oposición entre los Paleros.

Sí cabe señalar, que entre algunas de las más oscuras, tenebrosas y atrasadas prácticas ritualistas que hemos visto, se encuentra la de los Paleros. En específico, la de aquellos que compran o excavan osamentas humanas en los cementerios e incluso asesinan personas como sacrificio, según información provista por las agencias noticiosas, en algunas de las más horrendas demostraciones de intimidación y miedo que se pueden observar hoy día.

Sincretismos de Brasil

Macumba o Quimbanda (Umbanda y Candomblé)

Macumba es el término popular usado por brasileños en Río de Janeiro para describir dos tipos de culto africano-nativo: Candomblé (principalmente practicado en Bahía) y Umbanda (una forma más moderna originada en Niteroi, en Río de Janeiro con orígenes entre 1900 y 1908).

Sus dioses se llaman Orixas. Los esclavos, al igual que en el Caribe, escondieron a sus dioses tras las figuras de santos y patrones católicos. Ellos invocan a sus dioses con tambores. Los esclavistas portugueses, al contrario de los norteamericanos, permitían a sus esclavos el uso de los tambores.

Los esclavistas les prohibieron a los esclavos sus prácticas religiosas, así que estos incorporaron sus creencias con las de los nativos, las cuales eran menos reprimidas. Ambas se fusionaron y de ahí tenemos que el dios, Exú, se convirtió en San Antonio; Iansã se convirtió en Santa Bárbara; Iemanjá es Nuestra Señora de la Gloria; Naña es Nuestra Señora de Santa Ana; Oba es Juana de Arco (mujer con espada, como Santa Bárbara para los Santeros); Obaluayê lo representan San Lázaro/San Roque; Ogum es San Jorge; Oxalá es Jesús Cristo; Oxossi es San Sebastián; Oxum paso a ser Nuestra Señora de la Concepción; Oxumaré es San Bartolomé y Xangó es San Jerónimo. Así que mientras exteriormente los esclavos adoraban a los santos, en realidad realizaban sus cultos religiosos en secreto hasta su emancipación en Brasil en el 1888.

Aunque la Umbanda y la Quimbanda comparten las mismas creencias, la diferencia en el nombre, aparentemente, se debe a que la Umbanda es para "hacer el bien" y la Quimbanda es para "hacer el mal". Aunque esto es ambivalente porque en las cuestiones de las relaciones domésticas, por ejemplo, lo que es bueno para un individuo no necesariamente es bueno para el otro.

La mitología en la Umbanda tiene un sentido de jerarquía. Las deidades están divididas en 7 linajes, comandados por un orixa, representado por un santo católico. Los linajes son divididos en Falanges y Legiones las cuales están compuestas por espíritus de distintos grados evolutivos. Se identifican entre estos a los *caboclos* o indios nativos el bosque; *pretos velhos* o viejos esclavos negros que tiene como sabiduría una vida de trabajos y sufrimientos; *exus* o espíritus traviesos y malignos así como los *pombas giras*, que son los espíritus de la gente común del pueblo.

Veamos gráficamente, en la próxima tabla, una comparación entre esta práctica sincrética originada en Brasil con la práctica sincrética de origen cubano y sus similitudes:

Sustituto	Orishas (Santería cubana)	Orixas (Macumba brasileña)
San Antonio de Padua	Eleguá	Exú
San Lázaro	Babalu-Aye	Obaluayé
San Cristóbal	Bacoso	Oxossi (San Sebastián)
San José	Aganyu	
Niño Jesús	Orungán	Oxalá (Jesús Cristo)
Señora de la Merced	Obatalá	
San Pedro	Ogún	Ogum (San Jorge)
San Francisco de Asís	Orunlá	
Sra.de la Caridad del Cobre	Oshún	Oxum (Nuestra Sra. De la Concepción)
Sra. De la Candelaria	Oyá	
Nuestra Señora de Regla	Yemayá	Iemanjá
Santa Bárbara	Changó	Iansa
San Rafael	Inle	
San Norberto	Oshosi	
Nuestra Señora de Sta. Ana		Naña
San Bartolomé		Oxumaré
San Jerónimo		Xangó
Juana de Arco		Oba

Sincretismo Afro-haitiano

El Vudú o Voodoon

Contrastando con lo previamente presentado, esta práctica tiene un origen singular pues el vudú o voodoon surgió entre el contacto de distintas tribus y sus respectivas tradiciones, y así lo aceptan y reconocen. Por tanto el Vudú es el mejor ejemplo del sincretismo Americano que existe. Aunque su sabiduría esencial se originó en diferentes partes de África, antes de que los europeos comenzaran la trata de esclavos, la estructura del vudú como la conocemos hoy día, nació en Haití durante la colonización europea de La Española. Irónicamente, la mezcla de distintos grupos sociales y tribus en las mismas plantaciones o Ingenios fue lo que propició la creación del Vudú. Los europeos pensaron que al aislar los grupos étnicos, éstos no lograrían consolidarse como una comunidad. Sin embargo, bajo las miserias de la esclavitud, los africanos trasplantados encontraron en su fe un denominador común.

Ellos comenzaron a invocar, no solo sus propios dioses, sino también practicaron los ritos de otros. En este proceso, ellos se mezclaron y modificaron los ritos de varios grupos étnicos. El resultado de tal fusión es que los varios grupos integraron sus creencias y crearon una nueva religión: el vudú. La palabra vudú viene del vocablo del África occidental "vodun" que significa "espíritu". Esta religión Afro-Caribeña mezcló las creencias de varias tribus como los Fon, los Nago, los Ibos, grupos de Dahomey, Congos, Senegaleses, Haussas, Caplaous, Mondungues, Mandingas, Angolos, Libios, Etíopes y los Malgache.

Su panteón es sumamente simbólico, sus deidades son los Loas y le atribuyen poderes mágicos a ciertos símbolos y dibujos.

Loas (Vudú)	Iconolatría católica	Orishas (Santería)
Legbha	San Antonio de Padua	Eleguá
Baron Cimitiere	San Lázaro	Babalu-Aye
Damballah Wedo	San Cristóbal	Bacoso
Agwe	San José	Aganyu
	Niño Jesús	Orungán
Aida-Wedo	Señora de la Merced	Obatalá
Dinclinsin y Ogou	San Pedro	Ogún
Aizan- Ayizan	San Francisco de Asís	Orunlá
Erzulie y Guedhé	Sra.de la Caridad del Cobre	Oshún
Brigitte y Baron Samedi	Sra. De la Candelaria	Oyá
Mademoiselle Charlotte y Marinette	Nuestra Señora de Regla	Yemayá
Agaou	Santa Bárbara	Changó
Simbi, Loco y Marassa	San Rafael	Inle
Marie Louise	San Norberto	Oshosi

Sincretismos de Venezuela

Venezuela, por compartir parte de la cultura caribeña y no estar aislada de la realidad sincrética que permea en los pueblos de América, también cuenta con sus prácticas sincréticas. Allí se destacan las festividades y cultos a María Lionza.

El culto a María Lionza se remonta al tiempo previo a la llegada de los españoles a territorio venezolano en el siglo XV. Los indígenas que habitaban lo que hoy se conoce como el Estado Yaracuy, veneraban a Yara, diosa de la Naturaleza y del Amor. De hecho, según algunos lingüistas, el vocablo Yaracuy significa "lugar de Yara".

Según la leyenda, Yara quien era una hermosa princesa indígena, fue raptada por una enorme culebra dueña de las lagunas y los ríos, que se enamoró de ella. Enterados los espíritus de la montaña de lo hecho por la culebra, decidieron castigarla haciendo que se hinchara hasta que reventara y muriera. Tras esto, eligieron a Yara como dueña de las lagunas, ríos y cascadas, madre protectora de la naturaleza y reina del amor.

El mito de Yara sobrevivió a la conquista española, aunque sufrió algunas modificaciones, posteriormente siendo identificada como María Lionza.

Durante la Semana Santa y el Día de la Raza (12 de octubre), son numerosas las peregrinaciones a la montaña de Sorte, la cual se encuentra ubicada cerca de Chivacoa, en el estado de Yaracuy. A este lugar llegan los devotos con el objeto de hacerle todo tipo de peticiones a María Lionza, las cuales pueden ir desde la cura de enfermedades, la solución de problemas de amor, hasta la obtención de riqueza o poder. Se le construye un altar y se le decora con fotografías, figuras estatuillas, vasos con ron o aguardiente, tabacos, cigarrillos en cruz, flores y frutos.

Asimismo, el altar debe estar presidido por la Reina María Lionza y al lado de la Reina, colocan a Guaicaipuro, el cacique que luchó valientemente contra los conquistadores españoles en el valle de Caracas y que preside la Corte Indígena; al otro lado, colocan al Negro Primero, el único negro con rango de oficial en el ejército de Bolívar, que preside la Corte Negra.

El culto a María Lionza cobró una gran fuerza en la década del 50 del pasado siglo XX, durante la dictadura de Marcos Pérez Jiménez, quien mandó que se erigiera en la autopista del este, cerca de la entrada de la Universidad Central de Venezuela, una estatua de ella montada en una danta (Tapir), la cual se mantiene hasta nuestro días y en la que se le hacen numerosas ofrendas florales.

Estatua de María Lionza

Sincretismos de México

El tratar de también imponer las creencias católicas sobre los nativos de los diferentes territorios americanos, no se vio recompensado con el éxito y la pureza cristiana esperada por los misioneros. En vista de que la religiosidad de los pueblos estaba tan arraigada en ellos, incluso hoy en día se tolera, por parte de la Iglesia Católica, los cultos chamánicos y las prácticas autóctonas de cada región.

Nos tomamos la libertad de utilizar el término chamán, para designar a los curanderos, bohíques y personajes similares, que han existido, y todavía existen, en las distintas tribus americanas. No utilizamos ningún otro término porque entendemos que ellos cargan connotaciones negativas, las cuales han sido reforzadas por más de 500 años de cristianismo romano impuesto.

Nada nuevo se puede decir de lo ocurrido en Méjico en comparación con lo ocurrido con el africano trasplantado a América. El indígena, frente a la amenaza presentada por la segregación, el discrimen, la apatía y para completar sus males, la promesa de un infierno de fuego inextinguible, utilizó los santos católicos y las misas para esconder sus ritos reales. Es por esto que vemos celebraciones tan grandes y tumultuosas a la hora de conmemorar el "Día de los muertos" y la veneración a la "Santa Muerte", de clara tradición indígena. Se cree que este culto se originó en Veracruz y se añaden elementos de las deidades mexicas Mictlantecuhtli y Mictacacíhuatl.

Es principalmente en la América hispano parlante en la que vemos que el chamanismo sincrético tuvo arraigo. Dato curioso de notar es cómo el nativo del norte (Estados Unidos y Canadá) no tuvo que recurrir al sincretismo pues la segregación y ubicación en las Reservas Nativas contribuyó a que se preservaran las tradiciones religiosas de estos grupos de la creciente tendencia sincrética popular.

Estatuillas de la Santa Muerte para los devotos

Los sincretismos neo-espiritualistas de los Estados Unidos de Norte América

El Espiritualismo Moderno o "Modern Spiritualism"

A través de la historia, distintos místicos y religiosos han sobresalido por las descripciones de sus éxtasis y eventos que fueron interpretados como sobrenaturales. Sin embargo, individuos que no estaban entregados a la vida contemplativa ni a la vida religiosa también confesaban, con cautela y recelo por miedo a los señalamientos y persecuciones, sus propias vivencias de carácter espiritual.

En el Siglo 17, el sueco Emanuel Swedenborg, contemporáneo del filósofo Immanuel Kant, había trazado los primeros rasgos de creencias espiritualistas que se distanciasen, pero recogieran a su vez la esencia, de las iglesias cristianas predominantes. Por supuesto, nos referimos a nuevos conceptos para occidente, pues en este libro nos circunscribimos a los eventos en esta periferia del globo.

Emanuel Swedenborg

Sus propias visiones de lo que él llama "la Nueva Jerusalén", una majestuosa ciudad espiritual, y sus propias experiencias de clarividencia y desdoblamientos conscientes, así como sus conversaciones con espíritus que le confesaban la inexistencia del cielo y el infierno como lugares de contemplación o de sufrimientos, dieron pie a una reevaluación de las creencias aceptadas comúnmente. Sabemos que esta era una de las primeras semillas para lo que posteriormente se conocería comúnmente como el "Espiritualismo Moderno".

No obstante, podemos afirmar con propiedad que el *Espiritualismo Moderno* surge oficialmente como parte de la sensación causada por los fenómenos de Hydesville en Nueva York en el 1848. Estos fenómenos se refieren a los eventos que rodearon a la familia Fox y que han sido citados en múltiples libros como el punto de partida de esta nueva visión religiosa.

Podemos decir que los fenómenos de Hydesville llamaron la atención de miles de individuos, entre ellos pastores y ministros de distintas denominaciones religiosas. Este hecho contribuye a que las experiencias de comunicación con el mundo espiritual se viesen rodeadas de una creciente influencia religiosa protestante anglosajona. Es por esto que al estudiar su historia, observaremos la creación de iglesias espiritualistas tanto en los Estados Unidos como en Inglaterra. Algunas de estas iglesias espiritualistas existen y funcionan desde el Siglo XIX al día de hoy.

LA FAMILIA FOX

Catherine y Margaretta Fox fueron el foco de golpes y ruidos de origen inexplicable que se iniciaron en Hydesville en 1848. Según las chicas, la inteligencia tras los golpes afirmaba que ellas habían sido elegidas para convencer al mundo de que había una vida después de la muerte. Cuando las Fox fueron a Rochester, a casa de su hermana Leah, los ruidos se trasladaron con ellas y hasta se manifestaron a bordo del buque a vapor durante el viaje.

Los padres de las hermanas Fox, Margaret y John, atestiguaron los acontecimientos del 31 de marzo de 1848, el primer día en que se oyeron golpeteos. Aunque no creían en «casas encantadas», llegaron a la conclusión de que los ruidos emanaban de un «espíritu inquieto» que, llegado el momento, anunció que era un buhonero que había sido asesinado en la casa cinco años antes de ellos habitarla. Posteriormente se corroboró esta versión al encontrarse los restos de un hombre entre las paredes del sótano de la residencia.

El Espiritualismo Moderno se distingue, distancia y diferencia claramente del Espiritismo por:

1. Considerar la práctica mediúmnica una profesión y fuente de ingresos.

2. Rechazar la reencarnación como un hecho científicamente válido.

3. Considerarse una creencia o corriente religiosa.

Las ideas de la Nueva Era o "New Age"

La moda del *New Age* se les puede adjudicar a los individuos que mezclaron conceptos del naciente *Espiritualismo Moderno* con creencias orientales y el chamanismo norteamericano.

Ubicándonos históricamente en los albores del Siglo XX, cabe señalar que el mundo estaba bajo el asedio de las potencias mundiales expandiendo sus territorios y poder naval mediante el establecimiento de colonias y protectorados. De esta forma, por ejemplo, el Reino Unido tenía sus posesiones e intereses en India, así como en China, por mencionar sólo dos.

Con el intercambio comercial, inevitablemente le siguió el intercambio cultural. Ya no era un evento unilateral en el que se exportaban misioneros para convertir en cristianos a los pueblos orientales, sino que el atractivo de los cultos, rituales y creencias espiritualistas de oriente comenzaron a infiltrarse a través de las aristocracias y burguesías europeas.

Es durante este tiempo de cambio de siglo (del XIX al XX) que las antiguas creencias religiosas de Europa, no satisfacían a individuos en busca de una comprensión diferente de sus vidas y el universo que les rodea. Por otra parte, durante la década de los años 60, el movimiento *hippie* también ayudó a consolidar la presencia y filosofía de *gurúes y sabios* de oriente, promulgando creencias que rayaban entre la libertad del espíritu y el libertinaje en la conducta social y sexual.

De aquí podemos notar el por qué las ideas de que una *Nueva Era*, de acuerdo a las creencias astrológicas orientales, estaba redefiniendo a la humanidad.

Bajo el concepto de seguidores o clientes de la *Nueva Era* podremos encontrar practicantes y comerciantes de extravagantes técnicas de meditación, tarotistas, terapistas con cristales, aromaterapistas, cromoterapistas, practicantes del Reiki y terapias energéticas o vibracionales, astrólogos, mentalistas, psíquicos, seguidores del fenómeno ovni o alegados contactados o abducidos, y un sinnúmero de individuos que de una manera u otra aluden a algún sentido de espiritualidad que mezcla elementos del hinduismo, budismo, taoísmo, alquimia medieval, sintoísmo, necromancia, metafísica occidental y hasta del propio cristianismo.

Aunque el *New Age* no tiene identidad propia, pues su naturaleza es ecléctica, ha ido ganando terreno, en especial, entre las personas que no encuentran en sus creencias religiosas las respuestas o terapias que puedan ayudarles a lidiar con sus situaciones cotidianas o a proveer explicaciones aceptables. No es inusual que personas que profesen alguna religión cristiana también recurran al concurso de *maestros o terapistas de la Nueva Era*.

Como un efecto ineludible de la relación socio-política entre Puerto Rico y los Estados Unidos, la influencia de la filosofía capitalista y de mercados libres queda retratada nítidamente en las actividades, servicios, terapias, seminarios y talleres de los promotores en las creencias que podríamos agrupar en este segmento. No es de extrañarnos el que esta industria no-regulada, genere millones de dólares en ganancias anualmente, basándose en vender técnicas y terapias de origen "espiritual", con la justificación de que son para el bien de la humanidad.

Una característica común entre los proveedores de los productos de la *Nueva Era* es la falta de gratuidad en los servicios ofrecidos y la recomendación del uso de amuletos, símbolos u objetos *mágicos*, normalmente buscando el lucro de quien los vende.

No podemos escapar al hecho de que también, tal como ha ocurrido con toda idea innovadora, las nuevas terapias alternativas y creencias aglomeradas en este segmento se convirtiesen en una rentable fuente de ingresos para individuos que desean pagar sus utilidades y extravagantes modos de vida de una manera singular y creativa, con un mínimo de esfuerzo.

Características en común de los sincretismos previamente presentados

Observaremos unas características compartidas por los sincretismos bosquejados en las pasadas páginas.

1. Son la mezcla de dos o más *Ideas o conceptos religiosos*.

   o Los sincretismos antes mencionados giran en torno a ideas clara y llanamente religiosas. No son espacios de reflexión filosófica o consideraciones trascendentales libres del inmediatismo y la búsqueda de soluciones de índole material (salud, sexo, dinero).

2. Tienen sacerdotes, ministros, "elegidos" o "iniciados" que son los representantes de la espiritualidad.

   o Se valora la iniciación y la jerarquía que requiere reverencia y reconocimiento.

   o Entre los títulos más comúnmente utilizados encontramos también los de "ministro", "maestro" o "iluminado".

   o Sus enseñanzas e instrucciones no están sujetas a interpretaciones ni pueden ser cuestionadas. Operacionalmente utilizan el mismo concepto que es aplicado para los dogmas cristianos (incuestionables e irrefutables).

3. Las ceremonias y ritos son parte de su *modus operandi.*

   o La carencia de ceremonias y rituales ayudaría a excluirlos de ser considerados algún tipo de sincretismo religioso.

4. El fetichismo, definido como la utilización de objetos al cual se le adjudica poderes sobrenaturales y se les rinde veneración o culto, es común.

   o Se necesita la entrega de sacrificios (plantas, alimentos, animales y hasta seres humanos).

   o Se utiliza el encendido de velas.

   o Se incentiva la quema de inciensos o especias aromáticas.

   o Pueden haber ceremonias con el uso del tabaco o la ingesta de alcohol.

   o Se utilizan vestimentas especiales o de colores; se identifican con collares o cuentas, se recomienda el uso de talismanes.

   o Se venden y apoya el uso de imágenes, se puede incluir la utilización de los cristales de cuarzo u otras piedras.

- o Se instiga la repetición automática de mantras o rezos; se utilizan pirámides u objetos geométricos, o se recurre al uso de elementos bíblicos.

5. Son necesarios los bailes o los cánticos a manera de las iglesias.

6. Sus iniciados, maestros, sacerdotes o ministros son remunerados por sus servicios.

Con estos puntos, deseamos señalar claramente las particularidades que tienen en contraste estas creencias y prácticas versus la carencia de todo lo anterior en el Espiritismo.

En capítulos subsiguientes, podremos presentar una visión clara y definida, tanto en su conceptualización filosófica como en su base científica y su trascendencia moral, de lo que el Espiritismo es y representa.

Sincretismos en Puerto Rico

Su posible origen

En Puerto Rico, tal como ocurrió en muchos países de América, los pobladores originales, llamados Taínos, tenían un sistema de creencias basado en la observación de la naturaleza y su interacción con ella. A pesar del relativo aislamiento que presenta el ser una isla, esto no era sinónimo de enajenación de las prácticas de otras culturas o el intercambio con otros pueblos de la región del Caribe. Tal vez por esto, notamos las similitudes en costumbres y creencias de los indígenas a lo largo de las Antillas Mayores del Caribe.

La jerarquía taína era una de relativa complejidad, pero con cierta importancia en la figura del *Bohíque* o curandero. Estos eran descendientes de otros bohíques y eran los educadores de la clase noble, continuadores de las festividades y cultos religiosos, así como también les competía la cura de enfermedades mediante remedios herbolarios y los rituales para contactar deidades y espíritus de antepasados.

A pesar de la creencia popular de que las enfermedades que acompañaban a los conquistadores y colonizadores europeos en combinación con la explotación de la mano de obra indígena para la extracción de oro hubiesen sido las causas para aniquilar en corto tiempo la población indígena, estudios genéticos recientes demuestran que la cepa taína sobrevivió en algunos campos y pueblos de la montaña en Puerto Rico. La mezcla con criollos, mestizos, negros y los propios europeos que se establecieron en la isla, sólo encubrió al taíno, mas no lo erradicó. Podríamos añadir que esta mezcla tampoco erradicó completamente las creencias y recetas que nuestros antepasados taínos utilizaban.

Es harto conocido que en el Puerto Rico del Siglo XIX y hasta mediados del Siglo XX, existían en muchos campos la figura de la comadrona o partera, quien en más de una ocasión era la señora que daba remedios con plantas o la que curaba diferentes males con los sobos y toques *mágicos*.

Esta medicina natural y sus diversos remedios por medio de *despojos* y santiguando al enfermo, nos recuerda la figura del bohíque taíno. Súmese a esta imagen la de los propios sacerdotes y curanderos de las distintas tribus africanas que posteriormente pasarían a estar en libertad, a finales del Siglo XIX, y se fusionarían con la población general y tendremos una mixtura de culturas, creencias y rituales que darían pie a prácticas sincréticas de origen netamente criollas, un tipo de espiritualismo que llamaremos bohíque-afro-católico.

Las creencias en la efectividad del mal de ojo, la vida después de la muerte, en la comunicación con los antepasados, el curanderismo y la interacción de los espíritus, eran una parte integral de la cultura popular del puertorriqueño, aunque se confesara católico y asistiera a misa todos los domingos.

No nos debe sorprender el hecho de que una vez llegara, desde Europa, la literatura Espiritista a Puerto Rico, muchos individuos buscaran en las sesiones espíritas un facsímil de sus prácticas sincréticas.

Debido a la poca escolaridad del pueblo, el Espiritismo y sus ideales ennoblecedores solo eran estudiados por aquellos quienes tenían acceso restringido, debido a la prohibición católica y del estado, a la literatura de

Allan Kardec. No obstante, la práctica mediúmnica relacionada a la mediumnidad de cura, al médium recetista y al médium magnetizador o pasista que fungían en el Centro Espiritista, podían ser vistas como versiones educadas de lo que era común ver en los campos y barrios. El médium espiritista, era confundido con el santiguador o la pitonisa del campo.

Cuando tenemos en cuenta la gesta divulgadora de espiritistas de la talla de Rosendo Matienzo Cintrón, quien se personaba a las plazas de los pueblos a disertar públicamente en torno al Espiritismo, comprenderemos el cómo había conceptos espíritas que eran llevados por vía oral a los bateyes o casuchas de los curanderos del barrio.

Por otra parte, los lectores en los cañaverales y tabacaleras, quienes tenían a su cargo el leer en voz alta las noticias o algún libro para informar o entretener a los trabajadores mientras realizaban sus gestiones, también fueron responsables de divulgar conceptos espiritistas, al leer esa literatura en sus respectivos lugares de trabajo.

Es así cómo remanentes de las ideas espíritas fueron acomodadas a la práctica, nociones y la retórica de los practicantes de un tipo de sincretismo bohíque-afro-católico de corte criollo y claramente diferenciado de lo que es el Espiritismo y la vivencia de la filosofía espiritista.

A principios del Siglo XX nació la Federación de los Espiritistas de Puerto Rico. La mayoría de los centros que estaban afiliados reflejaban esta realidad sincrética. Los individuos que componían dichos centros se hacían llamar espiritistas, mas no observaban el Espiritismo tal como lo representaba y defendía la Federación. Hoy la Federación de los Espiritistas de Puerto Rico no existe como organismo representativo de los espiritistas de

Puerto Rico, en parte, debido a las luchas por mantenerse alejada de las prácticas sincréticas populares por medio de estatutos y estándares poco comprendidos. Podríamos decir que la mayoría de los centros federados agrupaban mas bien a los que la Gran Dama del Espiritismo, Amalia Domingo Soler, llamó de "espiritólicos" (católicos que preferían asistir a las sesiones espiritistas).

El Espiritismo, desde su perspectiva filosófica, le presentó a los partidarios de las prácticas sincréticas algunas ideas innovadoras tales como:

- Reuniones en familia, desde la comodidad del hogar, sin necesidad de trasladarse a un templo, iglesia o estructura especial.

- Ejercer libremente su mediumnidad sin miedo a ser señalado como "loco" o desajustado mental.

Fueron estas prácticas sincréticas, de origen indígena, africano y con la mezcla de elementos católicos, las que se comenzaron a diseminar por tradición oral, sin orden alguno.

Siendo el Espiritismo una Ciencia y una Filosofía, su práctica se centra en motivar el amor a través de la acción. Esta práctica no tiene que ver con rituales, ni forma de adivinación alguna. La práctica del mediumnismo sincrético no encuentra eco en lo que es el Espiritismo.

Lo que pudo pensarse como una criollización del Espiritismo está abismalmente separado conceptual, filosófica, práctica y propiamente al integrar imágenes, cultos, rezos, fuentes con agua, paños de colores y otros accesorios, que más adelante enumeraremos, ajenos al Espiritismo.

Caen bajo esta descripción quienes se llaman "espiritistas folclóricos", "espiritistas de mesa blanca", los "espiritistas cruzados", los "espiritistas de bóveda" y los "espiritistas-santeros". Tales personas no son espiritistas, porque no conocen el Espiritismo, sino algún tipo de práctica mediúmnica de carácter popular.

Vemos entonces cómo se utiliza comúnmente el término "espiritista" libremente para llamarle así, de manera genérica y especulativa, a cualquier persona que teniendo, o no, capacidad mediúmnica, practica algún tipo de ceremonia sustentada en la creencia en espíritus y la eficacia de sus rituales.

El término real que aplica a las personas que mezclan las ideas y conceptos de varias creencias en una mixtura de rituales, símbolos e imágenes religiosas y prácticas anímicas de tipo bohíque-afro-católicas es el de **ESPIRITEROS**. Este neologismo fue acuñado por la querida reportera, escritora y médium Amalia Domingo Soler, para describir a quienes se identificaban como espiritistas, realizando prácticas en total desacuerdo con el Espiritismo. En nuestro contexto, este es un término descriptivo, que acopia a los practicantes de un tipo de creencia espiritual criolla, no especificada ni organizada. Si se fuese a describir el tipo de actividad mediúmnica que realizan, sería apropiado hablar de un **mediumnismo sincrético**.

Es claramente errado y carente de base el tratar de referirse de manera vulgar a los **espiriteros** como "espiritistas folclóricos". No obstante, podemos entender el interés de algunos eruditos en las ciencias sociales, así como el de algunos simpatizantes del Espiritismo, en darles un apellido de este tipo a los espiriteros para suavizar semántica y conceptualmente la diferencia. Principalmente esta conducta puede estar motivada por el afecto hacia un familiar (abuelos, tíos, padres) que fue o es espiritero y que se le desea acomodar emocionalmente junto a la noble práctica mediúmnica de los espiritistas.

Al no contar con una doctrina o un cuerpo de ideas debidamente organizadas, estas prácticas varían de individuo en individuo, pues se apoyan en las creencias de quien le haya enseñado a practicarlo o las ideas que le enseñan los espíritus que les asisten. Por esto, utilizan genéricamente el término de "trabajar la obra espiritual" al referirse a sus actividades y reuniones.

Cabe señalar que entre los **espiriteros** podemos encontrar desde espíritus y personas moralmente comprometidas y perversas hasta individuos y espíritus genuinamente ignorantes o hasta de buena voluntad, pero no por esto menos errados, al contrastar sus motivaciones y actividades de mediumnismo sincrético con las luces que arroja la investigación mediúmnica formal.

Elementos del altar o la mesa de un espiritero

Podremos identificar a los ESPIRITEROS por algunos de los siguientes rasgos:

- **Remuneración**: Algunos cobran por sus servicios, otros aceptan *ofrendas* que pueden ser desde el aceptar objetos como prendas o autos, hasta dinero en metálico y propiedades. Estos son verdaderos charlatanes que se aprovechan de la credulidad y el desconocimiento ajeno. Otra forma de remuneración menos evidente es la del reconocimiento y necesidad de atención. Estos individuos muchas veces carecen de relaciones familiar y socialmente estables, y necesitan la adulación y el respeto de otros para compensar por esas carencias básicas.

- **Culto externo:** Utilizan y necesitan camisetas o vestidos color blanco, "trabajan con mesa blanca", son consistentes en el uso de velas o velones para pedirle favores a un santo, un indio o deidades africanas, solicitan flores para las imágenes de santos o deidades y utilizan entre sus artefactos cocos, fuentes o vasos con agua para *despojar* a sus seguidores. Esta es una de las evidencias más claras del elemento africano e indígena en estas prácticas.

- **Rituales y Ceremonias**: Recomiendan el encendido de velas, los baños con plantas, las promesas a los santos y los rezos católicos e intercalan lecturas de *El Evangelio Según el Espiritismo,* como si fuera algún librito de rezos.

- **Jerarquía:** Existen dos tipos de dinámica en torno a los espiriteros; la de ofrecer sus servicios de manera aislada y solitaria o la de reunirse en grupos.

  - **Dinámica Solitaria:** Esta es conocida como la "consulta espiritual". En esta modalidad, los espiriteros convierten la sala de su casa, la marquesina o algún otro espacio en un tipo de consultorio solitario. Allí llegan las personas que buscan recibir instrucciones en torno a situaciones de carácter familiar, de salud, buscando atraer la buena suerte, preocupaciones de trabajo o de índole marital.

  - **Dinámica Grupal:** Los espiriteros se reúnen en "templos" y por lo general son liderados perpetuamente por un "presidente(a) de mesa". En algunas instancias, como lo hemos presenciado, son los "espíritus guías del templo", a través de los médiums allí reunidos, quienes indican quién ha de ser el próximo presidente.

    En esta dinámica grupal, la palabra de quien preside es incuestionable. Los médiums se dividen en médiums principales o de cabecera y los demás son considerados médiums secundarios.

- **Amuletos y Muletillas:** Los espiriteros utilizan y recomiendan distintos tipos de aceites, aerosoles para la suerte, alcanfor con agua, baños con agua maravilla, encendido de inciensos y todo tipo de parafernalia que se compra en las mal llamadas *botánicas*. También visitan las plazas del mercado o siembran huertos caseros para llevar flores de azucenas a sus reuniones, así como comprar yerba bruja, hojas de anamús y azotar con racimos de tártago durante los *despojos* que realizan para sus consultantes.

De más reciente integración a las prácticas sincréticas de los espiriteros veremos la recomendación del uso de collares con cristales diversos o el santiguar rosarios y escapularios para sus seguidores.

Podríamos decir que mientras más visitas realiza una persona a una *botánica*, mas demuestra que no sabe lo que es el Espiritismo y por consiguiente, menos espiritista es. Estos lugares no ofrecen **absolutamente nada** necesario para el estudio y la práctica de la filosofía espiritista o para la investigación mediúmnica.

¿Adaptaciones criollas o sincretismos religiosos?

¿En qué se diferencian los espiriteros de los Espiritistas?

Los Espiritistas

o Son personas que estudian, leen, intercambian ideas y escuchan. Para continuar el estudio práctico del Espiritismo y ganar una visión actualizada de la problemática social y las soluciones que pueden proveer como individuos, los espíritas o espiritistas se reúnen en congresos, simposios, talleres, encuentros, eventos nacionales e internacionales de carácter formativo y educativo.

o Los espiritistas reconocen el valor del esfuerzo por la dominación de las pasiones, el equilibrio de los sentimientos y la reforma moral como garantías de una sana convivencia y la consecuente evolución espiritual y social de la humanidad.

o La práctica mediúmnica seria (espírita) no es para fines asistencialistas ni inmediatistas. La mediumnidad es un laboratorio para la demostración de la supervivencia del espíritu a la cesación de las funciones vitales del cuerpo físico (muerte) y accesorio para la consecución del crecimiento espiritual del individuo. La práctica mediúmnica no es el único tema ni el fin primordial de las reuniones de los espiritistas.

o El Espiritismo no utiliza accesorios o imágenes religiosas, prácticas de culto externo como himnos, cánticos y rituales, ni se prescribe el uso de amuletos magnéticos, mágicos o cabalísticos.

o En el Espiritismo no hay jerarquías (sacerdotes, ministros o maestros) y sus instituciones organizadas son de carácter civil y no religiosas. Sus directivos y sus médiums son voluntarios y no se les remunera por su participación.

o El Espiritismo enfatiza la participación activa en la búsqueda de soluciones a los problemas sociales, estimula la productividad al considerar la laboriosidad como una virtud y promueve el desarrollo intelectual de los espiritistas, al considerar todas las áreas del conocimiento como complementarias al enriquecimiento integral y necesario para las conquistas del espíritu.

Los espiriteros

o Su énfasis operacional es el alejar malos espíritus y *levantar causas*, según el vocabulario que les es particular.

o Se acude a ellos en busca del éxito en el trabajo, "protegerse de las envidias", "romper trabajitos de brujería" y buscando curar dolencias físicas.

o Utilizan accesorios religiosos como los rosarios, escapularios, crucifijos, así como fetiches diversos de tipo imágenes, medallas, estatuillas o bustos y sortijas de indios, santos católicos o deidades africanas.

o Muchos de ellos se dedican a tirar las cartas del tarot, leer el café, leer la bola de cristal, leer el aura y hasta hacer predicciones del futuro.

Los Espiritistas

o Cuando están formalmente organizados, se reúnen en Escuelas, Centros, Sociedades o Institutos. Estas organizaciones, aunque carezcan de estructuras físicas para cobijar a sus socios, procuran darle el nivel de seriedad y continuidad característico de un grupo de estudio y acción social.

o Los espiritistas pueden funcionar en estructuras organizacionales con directivas, comités, currículos, clases y hasta escuelitas o cursos para niños y jóvenes. Sin embargo, pueden hacerlo sin necesidad de sacerdotes, maestros, ministros o figuras jerárquicas de cuño religioso.

o Estudian con currículos o programas sistematizados los cuales ayudan a diseminar la filosofía espiritista y mantener al corriente a sus adeptos de las investigaciones científicas, antropológicas o culturales que atañen al saber espírita.

o Sus directores, administradores o coordinadores son elegidos por procesos democráticos.

Los espiriteros

o Se reúnen en la casa de su dirigente o en lugares que llaman templos. Se refieren a sus reuniones como veladas, en alusión a la antigua costumbre de reunirse a la luz de las velas.

o No hay una estructura organizacional definida. Sus líderes son autoproclamados o elegidos por los *guías espirituales*.

o Carecen de temas de estudio, organización metodológica o bases investigativas.

o Se recurre a la consulta privada para poder atender a las personas de acuerdo a necesidades de índole material particulares.

o El conocimiento en torno a las prácticas que realizan se transfiere por vía oral. No habiendo una base bibliográfica para bosquejar sus técnicas operacionales.

Vocabulario, términos, prácticas sincréticas o creencias extrañas y ajenas al Espiritismo, en contraste con la nomenclatura o conceptualización espírita.

1. Los espiriteros utilizan términos como *causas, seres* o *muertos*.

   a. Tratan de hacer una abstracción de conceptos claros para los espiritistas como lo son el de Espíritu, Personalidad, Ser, Desencarnado u Obsesor.

2. Los espiriteros ofrecen *despojos* o *santiguar* palpando a las personas con el uso de las manos, soplos, paños y toallas de colores, velas, cocos, plantas o hasta animales.

   a. Los espiritistas utilizan la aplicación de diferentes tipos de energías por medio de irradiaciones y pases magnéticos, los cuales no dependen del uso de objetos o caricias para ser claramente efectivos. De hecho, debido al énfasis en el desarrollo de la Voluntad y el dirigir el pensamiento de manera efectiva, las técnicas de manipulación energética de los espiritistas o espíritas se centra en lo que se piensa y no en lo que se hace con gestos, movimientos corporales, posiciones especiales o el uso de objetos.

3. Los espiriteros desean "elevar o lanzar al espacio" las *causas* para obtener resultados en sus intervenciones.

   a. En el Espiritismo es sumamente importante conocer la raíz de las obsesiones espirituales, si es que estas efectivamente aquejan a un individuo. Por medio del diálogo mediúmnico, se busca no sólo liberar a la persona que se queja de la presencia de uno o varios espíritus perturbadores, sino que se investiga el por qué de la relación y la manera en que el propio espíritu obsesor puede progresar y aspirar a nuevos pensamientos y estadios emocionales.

4. Las prácticas sincréticas recurren a las mismas funciones que se ven en las iglesias y religiones ritualistas al utilizar exorcismos, reprender a los espíritus o bañar a las personas en alcoholado, agua maravilla o agua bendita.

   a. El Espiritismo estudia los estados alterados de conciencia, las posibles alternativas para las dolencias mentales (psicológicas, psiquiátricas, hormonales, espirituales) sin lanzarse prematuramente a conclusiones al ofrecer algún tratamiento. Las herramientas más comúnmente usadas en el Espiritismo son: la Educación o Autoesclarecimiento, el Pase o Irradiación Energética, la Terapia de Desobsesión y la Orientación Doctrinaria o Esclarecimiento.

5. Entre las manifestaciones atribuidas a espíritus en las reuniones de los espiriteros pueden darse las de las llamadas "causas de envidia", que son supuestos espíritus que recogen el pensamiento envidioso de otras personas y lo secundan. Interesantemente este particular resurge constantemente en sus veladas y provoca un cierto grado de desconfianza y paranoia, pues los individuos constantemente sospechan de familiares, amigos, compañeros de trabajo y hasta sus parejas, al ser notificados de los alegados sentimientos envidiosos de otros.

   a. En las sesiones espíritas realizadas bajo el amparo de la prudencia y la razón, toda comunicación es evaluada y sometida a un análisis racional. Las comunicaciones espirituales no son tomadas por buenas, por el simple hecho de que un espíritu se identifique con un nombre conocido o que nos genere simpatía. Por consiguiente, no hay lugar a la dinámica de comunicaciones que persiguen crear desarmonía, desconfianza y sospecha. Éstas son fácilmente identificables y un experimentado y estudioso director de sesiones o Monitor puede detectar los intentos de intromisión de espíritus inescrupulosos.

6. Heredado de las prácticas católicas en las que se cubre el altar con una manta blanca y se visten los sacerdotes, así como los monaguillos, con ropas blancas, encontramos a los espiriteros utilizando indumentarias similares. Esto se da apelando a la simbología de la pureza, a la cual se aluden en los rituales católicos del bautismo, la primera comunión y la confirmación.

    a. El Espiritismo no posee simbología mágica o litúrgica ni prescribe el uso de vestimentas especiales o distintivas. Por el contrario, siendo una filosofía práctica, invita al individuo a portar su pureza de espíritu en la realización de obras de bien y de paz. Los espiritistas realizan sus reuniones de estudio, así como las de carácter mediúmnico, en ambientes libres de elementos alegóricos e imaginería religiosa.

7. Entre los rituales que hemos visto realizados por espiriteros se encuentra el encendido de alcohol u otros líquidos inflamables para caminar sobre las llamas. Es otra práctica sincrética en la que se mezcla la creencia de la renovación o limpieza por medio del fuego. Por otra parte, si un participante se encuentra durante alguna velada con los brazos o las piernas cruzadas, se le llama la atención pues esa postura puede "cruzar los fluidos" y malograr lo que se esté haciendo.

    a. Tal como hemos señalado en otras instancias, el Espiritismo, y por consiguiente la práctica mediúmnica espírita, carecen de rituales. Es innecesario el cuidarnos de posturas o maneras de sentarnos, acostarnos o pararnos. El Espiritismo demuestra experimentalmente que el pensamiento es más poderoso que los elementos externos a nosotros, por consiguiente, la postura de apertura mental, de receptividad y de deseos de crecimiento espiritual son catalizadores activos en la dinámica del ejercicio mediúmnico espírita.

8. En la práctica de algunos espiriteros es común ver la utilización de una pecera o fuente con agua. Esta es utilizada con dos propósitos principales en mente: puede ser la superficie refractiva que algunos videntes necesitan como muletilla para poder enfocar sus visiones o puede ser el recipiente utilizado como depósito de fluidos densos removidos durante los *despojos*.

    a. Las prácticas mediúmnicas en el Espiritismo se realizan de manera organizada y estructurada, reflejando el ambiente de estudio y análisis constante al que invita la Doctrina Espírita. Por tal razón, al entender la dinámica y los mecanismos de la mediumnidad, se llega a la conclusión de que los elementos de carácter material, como las fuentes y otras muletillas similares, son inútiles e innecesarios, así como inefectivos para proveer una alternativa terapéutica duradera y ennoblecedora.

9. Las reuniones de los espiriteros comienzan o terminan, generalmente, con una necesidad casi patológica de "incorporar al guía" antes y después de las comunicaciones. Es decir, necesitan la intervención ostensible de los guías espirituales en la búsqueda de "bendecir el trabajo a realizar" o para "limpiar su casilla o su cristal" en referencia a los médiums participantes. Es común que los espiriteros se vuelvan guiístas, en alusión a su dependencia de las opiniones y consejos de sus supuestos guías espirituales.

   a. Los espiritistas entienden cabalmente su interacción constante con los espíritus orientadores. Debido a que esta es una interacción natural, perenne en la vida del espiritista, sea médium o no, la notoria participación de "guías espirituales" en las sesiones mediúmnicas no es una necesidad imperante. De igual forma, el médium espiritista que ha sido debidamente educado e instruido en la mecánica de su facultad, puede prescindir de la dependencia de las intervenciones "guiísticas" que pretenden "limpiarlo de impurezas fluídicas", cosa que logra fácilmente con su Voluntad.

10. Hay espiriteros que amenazan a los investigadores del fenómeno mediúmnico con salir con "envolvimientos" de la velada, en alusión a algún tipo de influencia perniciosa o confusión mental generalizada.

   a. En cambio, los espiritistas abrazan el estudio y la investigación. Se abren al intercambio de ideas y de informaciones y no temen a los cambios o modernizaciones de la filosofía espiritista en la búsqueda de respuestas a las dinámicas de la vida. Nos parece que una intimidación de ese tipo, como la previamente descrita por parte de algunos espiriteros, busca mantener un cierto dominio sobre los consultantes, que no se vea amenazado por criterios serios y centrados en el pensamiento lógico y crítico.

11. Es relativamente común escuchar la frase "el médium está montao" entre los espiriteros o que está "pasando un espíritu". Esta es una frase más relacionada a las prácticas y el argot de la santería y otros sincretismos de origen africano. También se ve el uso de la fuerza física pues se cree en la posesión de los espíritus y el descontrol de los médiums. Hemos visto en esas reuniones desde mesas tiradas, sillas rotas, forcejeos, manotazos, hasta insultos con palabras soeces y médiums lastimados seriamente. Todo ello permitido o condonado en las reuniones de los espiriteros.

   a. El estudio de las facultades mediúmnicas entre los espiritistas, es uno de los temas más desarrollados. El orden, control y armonía que se da en las reuniones mediúmnicas de los espiritistas, responden a la preparación del director de sesiones, los asistentes y los propios médiums, además del respaldo de espíritus equilibrados y armonizados con la experiencia para secundar el orden y la paz. La investigación seria ha demostrado que las manifestaciones de carácter teátrico, dramático o histriónico son innecesarias, pues se pierde la efectividad del mensaje y se distraen los criterios de evaluación de cada intervención.

12. Los espiriteros son dados a una sobre confianza en las comunicaciones que reciben, al admitirlas como buenas y fiables de por sí. Sobreentienden que si es algo que dice un espíritu atrasado es porque es coaccionado por los guías espirituales y si es un guía espiritual quien habla o transmite un mensaje, debe ser forzosamente cierto. Esto queda directamente vinculado a una costumbre religiosa que es la del reconocimiento de la infalibilidad de los líderes o de los "representantes de Dios". De igual manera, se toma como incuestionable la palabra, los escritos, los sueños o las videncias de ciertos médiums y se les adjudica infalibilidad en cuanto a ofrecer comunicaciones de origen dudoso.

   a. Cuando Allan Kardec elaboró su texto El Libro de los Médiums, lo hizo basado en los criterios científicos y comunicaciones validadas que le enriquecieron la experiencia. Como un manual práctico que es, se recomienda la evaluación de toda comunicación y el uso constante de la razón y el buen sentido. Por tanto, el espiritista se mantiene alerta a los intentos de mistificación y fascinación de ciertos espíritus, así como aprecia los consejos y comentarios dados por espíritus más esclarecidos, tomándolos como opiniones personales, los cuales pueden ser aplicados o descartados. Así mismo, todo médium debe permanecer en constante vigilancia de sus pensamientos y actos, pues puede convertirse en portavoz de informaciones disparatadas o disonantes si no se mantiene alerta a las comunicaciones de carácter quimérico. La infalibilidad mediúmnica es una falacia comprobada por la experimentación.

13. La recomendación de recitar constantemente y de forma repetitiva oraciones de diferentes libros sugeridos, es una práctica común entre los espiriteros. Se orienta a los consultantes a convertir los rezos en un tipo de ritual de limpieza o una garantía de mejora material. Le llaman oración a la repetición en voz alta de palabras u oraciones católicas, como el padrenuestro o el avemaría, de manera automática y maquinal.

   a. El Espiritismo reconoce la efectividad de la oración, netamente diferenciada del rezo. Para los espiritistas, la oración es una conversación o elevación del pensamiento de carácter personal, sincera y libre de formas o fórmulas. La oración leída es simplemente una guía para la fijación del pensamiento, pero no es sustituto para la irradiación mental genuina. Según se comprende a cabalidad la capacidad de irradiación, de interacción con los Mensajeros del Bien y nuestra dinámica con las leyes que regulan la VIDA, la oración deja de ser una sumatoria de palabras, para convertirse en una canción de pensamientos.

14. Siendo las veladas folclóricas de los espiriteros de tipo asistencialista, el estudio de los fenómenos mediúmnicos no tiene lugar. A pesar de que encontramos algunos grupos en los que se leía algún trecho de El Evangelio según el Espiritismo o hasta de El Libro de los Médiums, ambos escritos por Allan Kardec, en realidad su lectura no pasaba de ser un acto complementario y pasajero de la reunión de ese día. Los espiriteros son dados a mencionar frases del tipo: "No necesito estudiar porque ya sé todo lo que necesito saber" o "sus guías espirituales les dan el conocimiento".

a. Aunque la reducción en la cantidad de instituciones espiritistas en Puerto Rico obedece a eventos multifactoriales (políticos, sociales y persecuciones religiosas), uno de ellos también lo es el hecho de que la mayoría de las instituciones que han prevalecido han ido madurando.

Algunos individuos que han dirigido instituciones espíritas las han ayudado a transformarse de "hospitalillos espirituales" a Escuelas para la formación del Espíritu. Esta evolución, es producto del acceso a más información, la mejoría en la alfabetización y la instrucción formal por parte de participantes y directivos de las agrupaciones espiritistas, así como también el deseo constante de conocer y conocerse, que mueve a cientos de personas a visitar una institución espírita. Súmese a esto el cansancio de la retórica religiosa que ya no llena las expectativas de miles de personas necesitadas de consuelo racional y desinteresado. Allí, en la institución espírita, el estudio, la lectura, el compartir opiniones o el intercambiar ideas en torno a las investigaciones y tesis presentadas por el Espiritismo, encuentra un lugar vivo, orgánico, que requiere el pensar y reflexionar. El espiritista al saber que es un espíritu inmortal, cuyo destino es la perfección, nunca dejará de aprender, pues el aprender es parte de la dinámica de la propia Vida y **siempre se está VIVO**.

15. En vista de que los espiriteros realizan sus actividades con el propósito de curar dolencias o intervenir en situaciones cotidianas de sus consultantes, no necesariamente se da una dinámica de confianza entre ellos. Esto implica que apenas se tocan temas y aspectos superficiales de las personas, sin necesariamente estimular cambios positivos y para bien en la conducta de los participantes.

a. El tema de la Reforma Íntima y la evolución por medio del mejoramiento de nuestros pensamientos y actos, es crucial, vital e ineludible para el espiritista. Estos no son temas de tomarse ligeramente ni de manera superficial, sino que son parte esencial de una serie de esfuerzos a corto y a largo plazo. Es el propio individuo y no un grupo o un ajeno, quien mide su propio progreso en torno a los cambios conductuales que se operan en su interior.

El anhelo de una vida más armoniosa, la comprensión de su rol en la familia y en la sociedad, el deseo de compartir un bienestar íntegro y holístico que considere el cuerpo, la mente (constructo del periespíritu) y el espíritu son motivadores suficientes para el espiritista esclarecido. Cuando estos elementos se dan, en más o menor grado en la vida de un estudioso del Espiritismo, entonces es que se ha integrado cabal y naturalmente con los postulados de tan noble ciencia.

16. Los espiriteros se enfocan y esfuerzan en dar una respuesta a las peripecias y experiencias dolorosas de la vida, enfocada en una de estas explicaciones: Son "enviaciones, trabajitos o encargos" de brujería solicitados por alguien para hacer daño, son "causas" de espíritus que pululan el espacio o son el producto de los pensamientos de envidia de otros. En cualquiera de estos casos, el espiritero buscará resolverlo todo por medio de un "trabajito" para romper el hechizo, enviar al espacio a los espíritus perturbadores o hacer que se conozca el envidioso para así disolver la efectividad de esa intromisión.

   a. El Espiritismo, a pesar de contar con herramientas complementarias de carácter terapéutico, nunca recomienda el descartar los síntomas físicos, conductuales o de dinámica social que pueden ser la base de diferentes disturbios. En otras palabras, en las instituciones espiritistas no se ofrece sanación para las enfermedades, y menos aún se crea dicha expectativa a expensas de cesar los tratamientos médicos. No es menos cierto que se puede lograr la mejoría de ciertas dolencias mediante la intervención energética, desobsesiva y autoesclarecedora en la institución espírita, pero esto no es una garantía ofrecida y anunciada, pues los factores que inciden en la prolongación o cese de una enfermedad son múltiples. Por otra parte, en vista de que los espiritistas no son remunerados por los servicios educativos o mediúmnicos que ofrecen, ni les interesa el reclutamiento masivo o proselitismo de cientos de personas, no hay la necesidad de ver un acto de brujería en cada situación cotidiana, con el fin de crear un tipo de dependencia o adicción a la asistencia en el grupo.

Si bien es cierto que existen individuos volcados a actividades criminales en el campo psíquico y mediúmnico entre los espiriteros, paleros, santeros y hechiceros, el Espiritismo ofrece herramientas sencillas, de carácter conductual y mental, para hacerse impermeable a los esfuerzos de estas personas.

Luego de todo lo anteriormente expuesto, cabe preguntar: **¿Entonces, el mediumnismo sincrético de los espiriteros es una variante del Espiritismo o en realidad son una expresión de espiritualismo criollo radicalmente diferente y ajeno al Espiritismo?**

Las prácticas de los espiriteros pueden definirse como una forma o método de actuar utilizando un vocabulario, prácticas y ceremonias que les son particulares. En tanto, el Espiritismo es una Ciencia y una Filosofía de consecuencias Morales, con una serie de tesis e ideas, presentadas de manera organizada y concordante, comúnmente denominada como Doctrina Espírita o Doctrina Espiritista.

Aunque parece obvia la respuesta en torno a si existen diferencias entre las prácticas sincréticas de los espiriteros y las actividades de los espiritistas a este punto del libro, podremos contestar más profundamente cuando establezcamos finalmente:

- ¿Qué es el Espiritismo?

- ¿Por qué se es espiritista? ¿Cuál es su atractivo?

- ¿Para qué sirve el Espiritismo?

- ¿Cómo se ayudan o autoayudan las personas a través del Espiritismo?

- ¿Por qué se habla de ciencia y filosofía espírita?

- ¿Se le hace justicia al amor por el conocimiento al utilizar las generalizaciones al referirse a los espiritistas o les compete a los historiadores, antropólogos, sociólogos, psicólogos, escritores y humanistas el conocer las diferencias entre los grupos sincréticos y llamar a cada cual por su nombre, para diferenciarlos de los espiritistas?

¿Qué es el Espiritismo?

Información específica en cuanto al Espiritismo

El Espiritismo, según la definición dada por su propio fundador, es la Ciencia que trata de la naturaleza, origen y destino de los espíritus y de sus relaciones con el mundo corporal. El término **Espiritismo** es un neologismo o palabra nueva, diseñada en el 1857 para identificar un nuevo pensamiento filosófico, espiritualista, de base científica, que nació en París, Francia. La primera vez que en el mundo se leyó el nombre **Espiritismo** fue en la introducción de la primera edición de **El Libro de los Espíritus**, publicada el 18 de abril del 1857. Este es el primer libro espiritista o **espírita**, otro neologismo acuñado por su fundador Allan Kardec, que se publicó, y es el libro que marca el inicio del pensamiento filosófico y doctrinario espiritista.

El Espiritismo, esta nueva forma de investigar la VIDA después de la vida y su relevancia en el quehacer de los individuos, es producto del esfuerzo sintetizador, organizador y metódico del Profesor Hippolyte Léon Denizard Rivail. Él pasaría a identificar sus libros, hallazgos, pesquisas y publicaciones con el nombre de Allan Kardec, investigando bajo la iniciativa y concurso de múltiples espíritus de bagaje filosófico, religioso, científico, político, literario y humanista, con la ayuda de decenas de médiums directa e indirectamente, para darle forma a una Ciencia que se dedicaría al estudio perenne del Espíritu.

Si partimos de la premisa, demostrada por los hechos históricos y antropológicos, de que nuestros antepasados taínos y africanos contaban con sus propias prácticas religiosas y de curanderismo, podemos concluir que existían manifestaciones anímicas y espirituales previas a la llegada de la literatura espiritista a Puerto Rico.

Lógicamente, si antes del 18 de abril del 1857 no existía una doctrina concreta con su propia metodología llamada **Espiritismo**, la cual posteriormente demuestra que no requiere sortilegios, rituales ni métodos religiosos, animistas o mágicos para la consecución de sus objetivos, entonces ¿cómo se puede hablar de que había Espiritismo en Puerto Rico o en cualquier otra parte del mundo?

Aún así, si posterior al 1857 se quisiera hablar de las prácticas mediúmnicas y de curanderismo de los individuos que lo realizaban de manera empírica, o sea de manera experimental pero sin una base conceptual y didáctica, pero cuyas prácticas tenían unas características radicalmente únicas y diferenciadas de lo estudiado por el fundador del Espiritismo, ¿entonces cómo es posible decir que son prácticas espiritistas?

Para que nuestro lector tenga una idea comparable, es como decir que la rama de las Ciencias Naturales conocida como la Química hubiese tenido un punto de origen detallado en la historia y se le hubiese reconocido un fundador específico, tal como ocurre con el Espiritismo. Posterior a esto, continuando el ejemplo, se diga que todo lo que parezca ser Química es Química. Es decir, en vez de acuñar términos como ebullición o evaporación, que son reacciones químicas, cuando el agua hierve diríamos que está llegando a su punto de Química o cuando pasa del estado líquido al gaseoso diríamos que está Química. Erraríamos colosalmente tanto en términos como en conceptos. Este ejemplo es uno claro y simple para señalar el que se refiera a todo médium o toda reunión mediúmnica como que es un espiritista o realiza una reunión espiritista. Cosa que está alejada de la realidad.

La realidad del asunto es que se puede ser médium sin ser espiritista y se puede ser espiritista sin ser médium. Podemos afirmar más contundentemente que la mayoría de los médiums que hay en el planeta, NO SON ESPIRITISTAS. El hecho de que una persona sea médium, no lo hace espiritista. El que un médium lleve su facultad mediúmnica de una manera ética, honesta, gratuita, libre de ataduras psicológicas, de fetichismos, de sortilegios, amuletos y muletillas, de acuerdo a los postulados de la filosofía espiritista, **eso** lo hace un médium espiritista.

El Espiritismo estudia la mediumnidad, pero la mediumnidad no es un fenómeno circunscrito a las instituciones espiritistas. Por tanto, ella se manifiesta, como facultad natural que es, en todas las personas, en grados mayores o menores. De ahí a decir que todo médium es espiritista, sería como decir que toda persona que sabe proveer un analgésico es un farmacéutico o un doctor en medicina. Es un error que sólo el desconocimiento o la ignorancia en torno del asunto lo podrían sancionar.

Une des rares photos d'Allan Kardec présentant son
"Livre des Esprits"

Foto de Kardec sosteniendo un ejemplar de El Libro de los Espíritus

El Espiritismo se desdobla en varios aspectos que le dan una naturaleza dual, de implicaciones trascendentales. Esta naturaleza dual es científica y filosófica.

De Naturaleza Científica porque:

1. Se partió de la experimentación a la teoría. El Espiritismo no fue concebido como una idea o una serie de ideas que debían someterse a prueba, sino que los hechos probados fueron los que ayudaron a elaborar una teoría, también corroborada, en torno a ellos.

2. Se utilizaron médiums de capacidad demostrada, libres de interés económico o de reconocimiento y hasta desconocidos entre sí. Eliminando de esta forma el riesgo de influencia en las ideas por medio de la sugestión o la búsqueda de remuneración.

3. Se utilizó la observación, la comparación, la argumentación y la teoría nula o alterna, entre algunos otros métodos para su elaboración.

4. Persigue el fin de conocer y enriquecerse por el conocimiento, siempre y cuando ese conocimiento sea verificable o posible de ser corroborado. De no ser así, se toma como una hipótesis de trabajo sobre la cual se realizarán mayores investigaciones.

5. Reconoce las aportaciones, teorías y explicaciones de todas las ciencias y encuentra la reconciliación ideal al integrar información de la cual ellas carecen al no considerar al espíritu como eje causal del ser humano y sus manifestaciones conductuales y sociales.

De Naturaleza Filosófica porque:

1. De los efectos se remonta a las causas. Siendo los efectos de origen inteligente, los cuales representan voluntad o volición, motivación y aspiración, las causas deben ser cónsonas con estas acciones o pensamientos. El Espiritismo busca comprender el rol del espíritu en el universo y en su ambiente natural.

2. El conocimiento de la dinámica íntima del espíritu nos lleva a comprender el porqué de los eventos planetarios, nacionales, sociales e individuales desde las perspectivas antropológicas, históricas, sociológicas y psicológicas.

3. Se nos mueve en la dirección de la indagación en torno al porqué y el para qué de las cosas. Provocando como reacción natural y normal la integración de códigos de moral y ética que trascienden los llamamientos circunstanciales de la moral social o las limitaciones de la cultura.

4. El conocimiento de las condiciones del espíritu cuando está libre de su cuerpo, así como la elaboración más o menos libre de una próxima experiencia reencarnatoria, ofrece disuasivos e incentivos de carácter moral en la formación de la vivencia del espíritu.

5. Los códigos de interacción y de convivencia que se desprenden de la visión universalista de la VIDA motivan el mejoramiento del individuo y su acción constante en la colaboración de fines superiores, tanto en los campos del saber intelectual como en las ejecuciones ennoblecedoras de la moral y el humanismo.

El Espiritismo se fundamenta en 5 principios básicos los cuales son ampliamente tratados en múltiples libros al respecto:

1. **Existencia de Dios** = La conceptualización de Dios que tiene el Espiritismo es única y diferente a las ideas religiosas imperantes. Dios es la fuente primaria, absoluta y organizadora de todo cuanto es. El Espiritismo no se adjudica la arrogancia de delimitar la comprensión de lo que Dios es mediante la disminución de sus atributos, pero sí ofrece una aproximación pura, al entender lo que Dios **no** podría ser (iracundo, vengador, celoso, castigador, amenazante). El espiritista está claro en que Jesús, ni ningún otro espíritu es Dios. En el Espiritismo, Dios no es visto como materia (el universo) o energía (el universo, la naturaleza), pues estos son efectos de una causa primordial, los cuales son mutables y transformables. Tanto materia como energía son manifestaciones mesurables y cambiantes, efectos de una causa ulterior y organizadora. Dicha causa no puede ser igual a su efecto, so pena de que se confunda con éste y a su vez quede sujeto a la regulación de las leyes que determinan el movimiento, limitación, potencia y localización de la materia o la energía, lo cual no podemos concebir como aplicable a Dios. De igual manera, todas las cualidades paternalistas, humanas, sentimentales y falibles que se le han adjudicado a Dios clásicamente, quedan fuera de la comprensión espírita, pues limitan la manifestación del absoluto orden y armonía que Dios es, como origen inagotable de todo. Por otra parte, el Espiritismo carece de las apreciaciones románticas y extravagantes de los conceptos panteístas en donde, con un simple juego de palabras, el Universo es Dios y al nosotros ser parte del Universo, somos Dios por consiguiente. **No es así**. Nuestros an-

helos de grandeza, deseando ser dioses según esa línea de pensamiento, no deben empequeñecer lo que Dios es. El Espíritu es lo suficientemente grande y maravilloso como para tener la necesidad de ceder su identidad para confundirla con la Armonía Suprema, por un capricho basado en la falta de autoestima, de autovaloración y de ignorancia sobre su destino. El Espíritu es una expresión adicional de los actos causales de Dios; y Dios es Dios.

2. **Preexistencia y supervivencia del Espíritu** = La vida se manifiesta, de forma ostensible a nuestros sentidos, en dos planos, el espiritual y el material, siendo este último de naturaleza perecedera. No obstante, la VIDA, visto como una constante del existir y ser, es infinita. A pesar de ubicar al Espíritu en orígenes singulares, pues es lo único en la cosmovisión espírita, dueño de la facultad de razonar, pensar y decidir, éste no es un producto de la existencia biológica o de la creación mitológica "en el comienzo de todo". El Espíritu también se sustrae de la sujeción a las leyes de la materia pues es una unidad trans-energética (no es energía, es más que energía) y en la medida que se descubre y crece, logra la dominancia necesaria para alcanzar nuevas formas de manifestar su anhelo de vivir y contribuir. El Espíritu preexistió al nacimiento y sobrevivirá a la muerte del componente biológico que utilizó. **En otras palabras, somos un Espíritu con un cuerpo, no somos un cuerpo con un espíritu**. La permanencia de la VIDA nos permite saber que nos hemos relacionado con otros con quienes hoy cohabitamos y continuaremos las relaciones constructivas y enriquecedoras en la medida en que nuestros intereses y necesidades así lo determinen.

3. **Evolución y Palingenesia (Reencarnación progresista)** = Todo lo que se mueve en el Universo refleja una dirección que tiende hacia el orden y la armonía, a pesar del aparente caos o entropía. El Espíritu sólo puede lograr su gran proyecto de desarrollo y crecimiento infinito al tener la oportunidad de aprovechar, evaluar y valorar cada experiencia. En vista de que la supervivencia le está garantizada por su naturaleza evolutiva, los límites de la edad del cuerpo no le detienen la marcha. La enfermedad, la vejez, la muerte, no son otra cosa que manifestaciones de la desorganización de los elementos materiales que reflejan la práctica del Espíritu en el ajuste y reajuste de sus procesos de aprendizaje. La reencarnación evolutiva y ascensional (Palingenesia) es un hecho corroborado por la investigación científica y condonada por la más pura filosofía. En la medida que el Espíritu evoluciona y expande los conceptos de su conciencia y potencia inherente, logra la mejoría del vehículo físico para prolongar su estadio encarnado, con el fin de examinar su aprendizaje a través del maravilloso mecanismo del olvido temporero. No obstante la opacidad que el cuerpo ofrece al Espíritu, éste siempre logra brillar con su luz propia. Los éxitos, los logros de la lucha y la interacción con los demás, se ven coronados por el desarrollo de virtudes, de conductas sanas, que son producto del propio esfuerzo y no por gracias dispensadas por una divinidad manipuladora o elitista. Hay una meta brillante que se vislumbra en el horizonte de la VIDA del Espíritu y es la de la adquisición relativa del conocimiento intelectual y emocionalmente ennoblecedor (moral o ético) que nos ayude a ser copartícipes de la absoluta armonía de los mundos y el Universo.

4. **Comunicabilidad entre los Espíritus** = La supervivencia perpetua del Espíritu se convierte en un activo para los fines de la colaboración y coexistencia con otros Espíritus. Los lazos unidos por las experiencias familiares y sociales, no se disuelven en el tiempo, por el contrario, se consolidan. La ruptura de dichas relaciones correspondería a un castigo, a malograr el propósito de la propia VIDA. Por esto, la interacción entre los Espíritus forma parte del propio hecho de vivir, de existir. Teniendo en cuenta que el crecimiento del Espíritu se da en los escenarios encarnados y desencarnados, físicos y extrafísicos, de igual manera son los anhelos de corresponder los sentimientos y pensamientos de los otros para con uno. El mero hecho de que una experiencia física se vea interrumpido por el agotamiento de los órganos del cuerpo físico no es incentivo suficiente como para que el Espíritu desee evolucionar de manera aislada. El aislamiento no es natural para el Espíritu, esta acción atrofiaría su desarrollo. La mediumnidad es un efecto natural de su deseo de interacción e interrelación pluri-dimensional. Por esto, la mediumnidad se ha visto en todos los tiempos, en todos los pueblos. Claro está, la mediumnidad ha sido interpretada bajo las más diversas formas, correspondientes a la comprensión de ese momento o a los intereses de quienes la administraban. Los chamanes, los curanderos, los hierofantes, las pitonisas, los sacerdotes, los profetas, los magos, los santos, los sabios, los gurúes, en fin, todos los que manifestaban alguna forma de comunicación con el Mundo Espiritual, eran médiums, en constante contacto con los Espíritus. Por esto, la naturalidad de las comunicaciones mediúmnicas, acompañadas de la comprensión de sus mecanismos, la elevación moral de los objetivos

de la práctica mediúmnica y el desinterés pecuniario relacionado a sus funciones, denotan el progreso en torno a la comprensión de las Leyes Naturales que regulan la VIDA.

5. **Pluralidad de los Mundos Habitados** = En la conceptualización espírita del mundo, hay unos factores que pueden resultar relativamente limitantes al progreso o evolución ilimitados del Espíritu. Entre estos factores se encuentra la cantidad de escenarios idóneos en los que ensayar la práctica de las virtudes desarrolladas, las sensibilidades afinadas y el conocimiento integrador en lo científico y espiritualmente estético. Por esta razón, el Espíritu encuentra el Universo como su casa, no ya solamente el planeta Tierra. La infinidad de mundos que se repliegan por los confines cósmicos se vuelcan en oportunidades de encuentro y reencuentros con Espíritus en igualdad de condiciones. La VIDA se manifiesta en múltiples realidades materiales, a través de leyes y mecanismos que apenas comenzamos a teorizar, mas son reales, genuinos y antiquísimos para la manifestación del Espíritu. Una de las grandezas de Dios se manifiesta en la disponibilidad no sólo de oportunidades sin fin para caminar hacia la perfección, sino también lo fértil que es el vasto Universo de mundos habitables y habitados. Cada uno con sus particularidades biológicas, energéticas y morales, brindando al Espíritu la maravillosa coyuntura entre belleza y pragmatismo, entre el anhelo por lo que se le escapa aún, por no haberlo conquistado, y lo realizable de la iluminación interior a través del trabajo solidario en la iluminación de otros.

Demás está decir entonces que cualquier filosofía, práctica o idea que se salga de los parámetros, lineamientos y fundamentos establecidos por Allan Kardec, por definición deja de ser Espiritismo y merece otro nombre. Por esto, las prácticas sincréticas de los **espiriteros** deben ser identificadas como tal y no pueden ser confundidas con el Espiritismo, so pena de demostrar ignorancia en torno al tema, arrogancia con el desear perpetuar la misma o terquedad en el insistir sobre un asunto que debe ser superado.

¿El Espiritismo es una religión o secta religiosa?

El espiritismo es libre y liberador

Debido a la influencia avasalladora de la cultura judeocristiana pregonada por la iglesia católica, se ha realizado una impresionante campaña milenaria de propaganda falaz y errada. Los temas de Dios, la naturaleza del hombre y de las cosas, y la moral, se creen comúnmente como propiedad intelectual y exclusiva de la religión. Es como si el pensar en sí mismo, en su entorno y en lo que le es superior, estuviese vedado para el humano común, pues sólo puede ser sondeado por los individuos que se dedican a la vida teológica, renunciando al derecho de pensar libremente para pensar de acuerdo a una estructura eclesiástica.

Por esto, hay una asociación inmediata en la mente de muchos con que si alguien toca los temas del espíritu o de Dios, debe ser un individuo estrictamente religioso. Esto es un claro y flagrante error. Se ha logrado convencer a la mayoría de los seres humanos de que olviden un hecho histórico: antes de que la religión se organizara como la gran "protectora de la verdad absoluta", todos estos eran temas abordados por la filosofía helénica en la antigua Grecia, por ejemplo.

Allan Kardec estuvo claro en comentar que Sócrates y Platón fueron precursores de las ideas cristianas y hasta de las propias ideas espíritas. Esto, porque está en la fibra del Espíritu el inquirir sobre su naturaleza y llegar a acuerdos, morales o éticos, para la sana convivencia, según evoluciona. El Espiritismo es el primer acercamiento serio, metódico e intelectualmente estimulante que aproximó los estudios del Espíritu a los conceptos de la Ciencia. De por sí, el Espiritismo es innovador y diferente, pues busca comprender, sin necesidad de enredarse en interpretaciones teológicas u organizarse en una fuerza masificadora, reclutadora y salvacionista que necesite la creencia ciega y la obediencia absoluta de sus adeptos.

Si bien es cierto que el Espiritismo aborda e inquiere en torno a temas clásicamente relegados a la religión, la que sea, claramente se distancia de ella epistemológica, conceptual y operacionalmente.

El diccionario de la Real Academia Española, para enero de 2012, aclara:

religión. (Del lat. *religĭo, -ōnis*).

1. f. Conjunto de creencias o dogmas acerca de la divinidad, de sentimientos de veneración y temor hacia ella, de normas morales para la conducta individual y social y de prácticas rituales, principalmente la oración y el sacrificio para darle culto.

2. f. Virtud que mueve a dar a Dios el culto debido.

3. f. Profesión y observancia de la doctrina religiosa.

4. f. Obligación de conciencia, cumplimiento de un deber. *La religión del juramento.*

5. f. Orden (‖ instituto religioso)

Al estudiar los fundamentos del Espiritismo previamente descritos y contrastarlos con esta definición del concepto religión, encontramos grandes incongruencias e inconvenientes para pensar que el Espiritismo sea una religión o una creencia cuasi-religiosa.

Tendríamos que comenzar por revisitar el concepto espírita de Dios y notaremos la disyuntiva. Al no admitir a Dios como un individuo antropomorfo, es decir con forma o características humanas, el concepto de temor o de veneración para darle culto, mencionado en la definición de religión, pierde sentido. Más aún, cuando hemos insistido en resaltar la falta de rituales en el Espiritismo, pues no hay necesidad de ellos en una ciencia o filosofía, esto hace que se aleje con más persistencia de dicho concepto.

No podemos negar que ciertas personas aluden a que la palabra religión viene de un origen latín que es *religio*, el cual puede entenderse como volver a unir o volver a ligar. Pero para volver a unir algo, ese algo se debe haberse desligado o desunido. Lo cual alude a un sentido de separación conceptual entre el autor y su obra (en este caso Dios y nosotros), pero añadiéndole el elemento de descontento, de desdén, de desprecio por parte del autor de dicha obra. En una religión se invita a realizar ritos y ceremonias que busquen estimular la unión, porque la contraparte, de susodicha unión, no desea reconocerla. Todo esto es un juego en torno a la mitología de las creencias judeocristianas de Adán, Eva y el pecado original. En una concepción donde Dios castiga, premia, ama, odia, se enorgullece y se entristece, ahí cabe el concepto de religión en toda su acepción. Careciendo el Espiritismo de este lenguaje y concepto, particular de las sectas cristianas, judaicas y musulmanas, definitivamente no es una religión o una concepción religiosa.

¿Será el Espiritismo entonces una secta religiosa? Las sectas religiosas cumplen con características muy específicas, de acuerdo a los doctores Janja Lanclich, PhD., y Michael D. Langone, Phd., quienes escribieron para la Asociación Internacional para los Estudios de Cultos. Estas características son las siguientes:

- El grupo tiene un compromiso celoso e inalterable con su líder, esté vivo o muerto, en cuanto a su sistema de creencias, ideología y prácticas de lo que consideran la Verdad.
- Preguntar, cuestionar o dudar son prohibidos y hasta castigados.
- Practicar técnicas para alterar los sentidos como la meditación, cánticos, hablar en lenguas, rutinas agotadoras de trabajo, son usadas en exceso y sirven para suprimir las dudas sobre el grupo o sus líderes.
- El liderato dictamina, en ocasiones con gran lujo de detalles, cómo los miembros deberían pensar, actuar y sentir (por ejemplo, los seguidores deben obtener permiso para salir con otra persona, cambiar de trabajo, casarse o los líderes indican el tipo de ropas que deben vestir, dónde vivir, si tener hijos o no, cómo disciplinar los hijos, entre otras prácticas).
- El grupo es elitista, aludiendo a ser especiales, exaltando su estatus, el de sus líderes y el de sus miembros (por ejemplo, el líder es un mesías, un ser especial, un Avatar o el líder tiene una misión especial de salvar la humanidad).

- El grupo tiene una mentalidad polarizada de nosotros-contra-ellos, la cual puede crear conflictos con el resto de la sociedad.

- El líder no responde a ninguna otra autoridad.

- El grupo enseña o entiende que sus fines justifican cualquier medio para lograrlos. Esto puede resultar en conductas que hubiesen sido consideradas incorrectas antes de unirse al grupo (recoger dinero para obras fatulas, mentir a familiares y amigos).

- El liderato induce sentimientos de vergüenza y culpa para influenciar el control de los miembros. Muchas veces esto es realizado por presión de grupo o formas sutiles de persuasión.

- La servidumbre al líder o al grupo requiere que los miembros corten sus lazos familiares o con amistades y que alteren sus metas radical-mente.

- Al grupo le preocupa el traer nuevos miembros (proselitismo).

- Al grupo le preocupa el hacer dinero.

- Se espera que los miembros pasen la mayor parte de su tiempo con el grupo o en actividades del grupo.

- Los miembros más leales sienten que no puede haber vida fuera del contexto del grupo. Ellos creen que no hay otra forma de ser, y mu-chas veces sienten miedo por ellos o por otros si consideran el irse o se van del grupo.

Solo hace falta echar una mirada a la metodología y operación de las agrupaciones e instituciones espiritistas y se notará la carencia de este tipo de conductas.

Por el contrario, el Espiritismo impulsa el desarrollo del ser humano dentro de parámetros normales, típicos y expresivamente solidarios en su entorno social. Por esto, no es de extrañar encontrar en la literatura de Allan Kardec frases como:

- "Se reconocerá al verdadero espiritista por su transformación moral y los constantes esfuerzos que hace por eliminar sus malas inclinaciones". Esta es una clara alusión al carácter genuinamente transformador del Espiritismo. No se presentan elementos disuasivos asociados a castigos, premios, negación por parte de lo divino o amenazas de fuego eterno, sino una simple directriz que nace de la natural conciencia de saberse RESPONSABLE de sus actos y pensamientos, así como de las consecuencias de los mismos. Para el espírita, la garantía de una vida armoniosa no es un fin, es una consecuencia de su proceder.

- "Roma dice *Fuera de la Iglesia no hay salvación* ("Extra Ecclesiam nulla salus" establecido desde el Siglo XII); el Espiritismo enseña: "*Fuera de la Caridad no hay salvación*". Kardec fue muy sabio en la manera en que presentó la filosofía del Espiritismo. Con el propósito de hacerlo más evidente o accesible al público al cual le escribía, utilizó la materia prima que tenía en sus manos. Es decir, si nos ubicamos en tiempo y espacio, en París a finales del Siglo XIX, cuando Kardec comenzaba a publicar sus trabajos, notaremos que no había un público espírita, sino un interés por parte de escépticos y personas de trasfondo religioso en conocer más sobre los recién investigados efectos mediúmnicos y las comunicaciones recibidas. Para un público de tradición y extracción judeocristiana, Kardec utilizó su propio vocabulario. Sabiendo que no hay condenación o salvación, pues no hay un cielo o un infierno según descrito por curas, pastores y ministros, Kardec utilizó la misma imagen para exaltar el valor de la Caridad o el Amor en práctica como garantías de una mejor condición para el Espíritu, en contraste con la aún vigente creencia católica de que sólo la iglesia provee los medios para ser "salvados".

Si el Espiritismo carece de los elementos que distinguen a una religión o secta religiosa, entonces los grupos espiritistas no pueden ser templos, no tienen o admiten libros sagrados, no realizan iniciaciones, ni bautismos, ni bodas religiosas, no promulgan o propagan conceptos salvacionistas o condenatorios, no son proselitistas, no tienen coros o himnarios, no utilizan ropajes distintivos (ropa blanca), no necesitan de imágenes religiosas, crucifijos, iconografía alguna o fetiches asociados con culto o rito.

De hecho, con mucha razón rebatió la fecunda escritora espiritista, Amalia Domingo Soler, a los señalamientos de un amigo materialista, quien le acusaba de participar de una nueva religión o secta. Ella, le respondió con el siguiente poema:

A UN MATERIALISTA

Dices que el Espiritismo será secta o religión; tan sólo el oscurantismo le da tal definición.

Nosotros no pretendemos formar religión ninguna, tan sólo alcanzar queremos el sepulcro con la cuna.

Queremos unificar los átomos disgregados; queremos; analizar todos los hechos pasados.

Queremos ver la razón, la causa que efecto da; y en la regeneración miramos el más allá.

¡No abrigamos pretensiones de tener sabiduría, que las humanas razones valen poco todavía!

Mas tenemos intuición de la ley universal, que es su complementación la lucha del bien y el mal.

¡Concedemos a la vida progreso indeterminado; la eternidad suspendida sobre todo lo creado!

Vemos a Dios en las flores, en sus preciados aromas, en los pardos ruiseñores y en las cándidas palomas.

En el lago, en el torrente, en el valle, en la espesura y en el mar que sordamente con su importancia murmura.

Y en las olas que en la arena corren tras de un algo en pos, hallamos la prueba plena de la grandeza de Dios.

Mas no le hacemos altares, ni en ídolos le adoramos; nuestros templos son los mares y los mundos que admiramos.

Las catedrales gigantes con sus arcadas sombrías, con sus luces vacilantes y sus graves melodías.

No son más que aberraciones del entendimiento humano, que hizo un Dios con sus pasiones y le ofreció un lujo vano.

¿Qué son los templos de piedra de admirable construcción? ¡Si a ellos se enlaza la hiedra de la envidia y la ambición!

Es preferible la ermita de la cumbre solitaria, donde el creyente eremita eleva a Dios su plegaria.

Mas nosotros no formamos ningún templo en este mundo, porque en nosotros llevamos algo más grande y profundo.

Por eso el Espiritismo ni es secta, ni es religión, es la esencia de Dios mismo germinando en la razón.

En contraste, si el Espiritismo es una Ciencia y una Filosofía de consecuencias Morales, sus Escuelas, Institutos, Centros de Estudio o agrupaciones deberían tener, en condiciones idóneas:

1. **Programas de Estudio e Investigación**. Dichos programas deben proveer a sus estudiantes las herramientas de correlación de los relatos provistos por escritores, tratadistas, conferenciantes o espíritus que proveen informaciones en torno a la dinámica social y la Doctrina Espírita.

2. **Acceso libre a la información**. Al no tener jerarquías o secretos vedados a los "iniciados" o a los más fieles, toda información disponible, para lectura y reflexión, es ofrecida libremente.

3. **Literatura o bibliografía amplia y de relevancia científica, filosófica y moral**. Teniendo disponibles alternativas de autores demostradamente confiables, quienes se mantienen ajenos a tergiversaciones místicas, elucubraciones fantasiosas y mezclas sincréticas de espiritualismos agrestes o cientificismos ficticios.

4. **Participación y correspondencia fraternal con otras instituciones espiritistas** (nacional e internacionalmente).

5. **Equipos Mediúmnicos legítimamente preparados y adiestrados.** Estos médiums deberán ser formados teórica y empíricamente en:
   - Diferenciar facultades y manifestaciones anímicas y mediúmnicas (Sensaciones y Percepciones).
   - Proveer y recibir Pases e Irradiación Energética.
   - Trabajo en equipo y dinámicas de integración grupal.
   - Identificar, diferenciar y distinguir tipos de espíritus comunicantes y tipos de comunicaciones.
   - Prácticas Empáticas de Monitoreo o adoctrinamiento.
   - Técnicas de Desobsesión (Simple-Inducción, fascinación, mistificación, subyugación).
   - Servicios de Esclarecimiento (Espíritus en Turbación o Ignorancia).
   - Diálogo con los Mentores Espirituales del Equipo.

6. **Métodos de divulgación espírita** (Conferencias, Talleres, Internet, Películas, Boletines, Periódicos, Revistas y otros).

7. **Actividades de confraternización entre socios y familiares.**

8. **Procesos democráticos de selección de sus directivos.**

9. **Actividades de proyección social o humanitaria.**

Todos estos requisitos u ofrecimientos se deben proveer dentro de un ambiente armónico, centrado, donde la finalidad sea el desarrollo de los individuos a través de lo que pueden extraer como práctico del Espiritismo.

Como podemos apreciar, una institución o agrupación espiritista es mucho más que un grupo asistencial de provisión de sopas o una sesión mediúmnica de carácter público que no evoluciona. Una Escuela Espiritista es un centro de fuerzas amigas que se reúnen para formar dínamos de transformación social en cada uno de sus integrantes, estudiantes o amigos.

¿Por qué se es espiritista?

Para que un ideal sea el motor tras la conducta de un sujeto, este ideal tiene que tener poderosos incentivos que promuevan la acción por parte del individuo. Un ideal llano, vacío, de trascendencia nula, con fines ficticios o fugaces, difícilmente logrará captar la atención de la persona que no se considere promedio.

Menos aún, se encontrará una relación entre la fidelidad a dichos ideales por parte de individuos que públicamente admitan su convicción, siendo figuras de trascendencia social, política, artística y científica, si estos ideales carecen de valor y mérito.

En Puerto Rico, desde el Siglo XIX, el Espiritismo ha sido abrazado como el ideal aglutinador de personas de todo tipo de trasfondo, nivel de escolaridad y posición socio-económica. Ha logrado ser la inspiración para personas como:

o   Sra. Luisa Capetillo, una de las líderes del sufragismo feminista y el movimiento de justicia obrera de Puerto Rico. Todas las mujeres en Puerto Rico que tienen el derecho al voto, garantizado a partir de los 18 años, se lo deben a la gesta de personas como Luisa.

Luisa Capetillo

o Sr. José Limón Arce, poeta y dramaturgo de Arecibo. Reconocido por su gesta literaria, dramática e historiográfica.

o Lcdo. Manuel Corchado y Juarbe, político, literato y Diputado puertorriqueño en las Cortes Españolas, cosignatario de la propuesta para implantar un curso de Espiritismo en el currículo universitario. Esta iniciativa innovadora buscaba propagar las ideas de emancipación de las cadenas tiránicas del control político, social y religioso de la época, que han asfixiado los anhelos de progreso de los puertorriqueños.

Manuel Corchado y Juarbe

o Prof. Herminio Miranda González, educador, político, poeta y músico de Morovis.

o   Lcdo. Rosendo Matienzo Cintrón, reformador social, político de
    renombre de la talla de Luis Muñoz Rivera y Manuel Zeno Gandía,
    defensor férreo de la abolición de la pena de muerte. Activista del
    movimiento cooperativista y figura reconocida en el ambiente cul-
    tural de Puerto Rico.

Rosendo Matienzo Cintrón

o   Sr. Julio Machuca, poeta, cuentista, ensayista, monografista y una
    de las figuras pioneras en Puerto Rico en el ámbito del arbitraje en
    conflictos obrero-patronales y relaciones laborales.

o Prof. Francisco Vincenty, educador y uno de los primeros presidentes de la Asociación de Maestros de Puerto Rico. Preclaro luchador por una enseñanza pública gratuita y en idioma español.

Francisco Vincenty

o Lcdo. Vicente Géigel Polanco, gobernador interino de Puerto Rico, presidente del Ateneo Puertorriqueño e incansable luchador de las causas sociales y culturales. Reconocido entre las figuras políticas y juristas de más renombre en la isla.

Vicente Géigel Polanco

o Prof. Ramón Negrón Flores, político, historiador, poeta, ensayista, defensor incansable de los derechos civiles.

RAMON NEGRON FLORES

o Dr. Flavio Acarón, fue Catedrático y Decano de la Facultad de Ingeniería de la Universidad de Puerto Rico en Mayagüez. Otrora logró llevar el Espiritismo al ambiente académico a través de cursos presentados regularmente en el recinto de Mayagüez.

Flavio Acarón

Sabemos que se nos escapan muchísimos nombres más, y por esto solicitamos que el lector nos disculpe. Pero con este panorama deseamos dejar establecido que las mujeres y hombres que públicamente reconocían sus convicciones espíritas, lo hacían con total conciencia de que representaban dignamente una Doctrina, una Ciencia, una Filosofía de majestuosa trascendencia espiritual, cultural, social y personal.

¿Por qué se es espiritista? Y ¿Para qué sirve el Espiritismo? Ambas preguntas son válidas y merecen respuestas igual de válidas. Si bien podríamos elaborar todo un argumento de tipo doctrinario, que presentara las virtudes del Espiritismo a la luz de las esperanzas y anhelos por una sociedad y un bienestar común alcanzables, lo haremos, pero con un toque un poco más personal. Para esto, nos remitiremos a la propia experiencia, como espiritista.

Mientras nos hemos codeado con personas de múltiples bagajes y trasfondos religiosos a través de los años, también hemos tenido la oportunidad de conversar y compartir con personas que se autoproclaman ateos o agnósticos. Sin importar cuál es su enfoque en torno a la vida, es evidente la sinceridad de sus sentimientos en torno a sus convicciones, o la falta de ellas. Podríamos decir que en un tiempo dado nos identificábamos con una u otra postura, basado en la información que teníamos a nuestra disposición hasta ese momento.

Cuando caminábamos en la exploración de respuestas, buscábamos relacionarnos y encontrar puntos en común, para de ahí poder estrechar lazos de amistad y fraternidad, con personas de creencias variadas. No obstante, en el proceso de explorar las ideas que nos eran ajenas, descubríamos incongruencias que saltaban a la vista. Cuando una idea o un concepto se nos presentaban, chocaba con la lógica o con otras ideas salidas del mismo "texto sagrado". Vimos cómo había un deseo mayor y una necesidad por pertenecer a un grupo y encontrar explicaciones sencillas y simples, más que un interés por cuestionar para comprender y conocer la esencia de las cosas y de las propias creencias.

Nos encontrábamos en una encrucijada cuando nos preguntábamos el por qué de algo que era incongruente o chocaba con lo que había sido corroborado científicamente. Por ejemplo, el comienzo del mundo queda registrado, según la cronología de las creencias judeocristianas, hace unos 6,000 años. A pesar de la realidad del registro fósil, la evidencia arqueológica diseminada por el mundo entero y los hallazgos en torno a las civilizaciones y poblaciones más antiguas que esta fecha, esto era un artículo de fe que no se podía cuestionar. En otras instancias, se nos proveía toda una apología poética tras el "texto sagrado" citado y se aludía a una simbología numérica, añadiéndole al asunto de fe un asunto de interpretación. De ahí en adelante, todo se complicaba y enredaba más. Por este tipo de dinámica confusa, en Puerto Rico solamente, tenemos sobre 200 sectas religiosas, sin contar con la presencia de las religiones tradicionales.

Este era el cuadro con el que nos encontrábamos cuando queríamos conocer un poco más sobre la esencia de la vida, de los seres humanos y de nuestra naturaleza espiritual. En repetidas ocasiones se nos trató como un niño engreído que hacía preguntas inconvenientes y se nos informaba: "Debes creerlo por fe" o "La duda es inspirada por el diablo".

Saturado con respuestas a medias, conductas sospechosas por parte de muchas personas "de fe" e inconforme con una visión de la vida que lleva cambiando 2,000 años para tratar de ser comprendida por todos, debido a la complejidad con que se le ha distorsionado y se ha justificado la construcción de suntuosos templos e imperios económicos, decidimos buscar en las investigaciones de la ciencia.

El reto era grande porque parecería difícil o imposible encontrar a la ciencia tomando en serio al espíritu humano. Pero, una sorpresa agradable nos esperaba. No sólo encontramos un enfoque serio, responsable, consolador y objetivo, sino que pudimos comenzar a contestarnos las preguntas que la práctica del mediumnismo sincrético no contemplaba. Ahí, cuando nos vimos repitiendo las palabras que otros nos enseñaban y las prácticas que veíamos como normales, sentíamos el vacío que provoca la falta de sustancia, de trascendencia, de razón detrás del acto. La práctica mediúmnica en pro de otros puede ser emocionalmente gratificante, pero se ve coronada de maravillosas luces y sensaciones indescriptibles cuando se le comprende en su profunda complejidad.

Podríamos decir, que la búsqueda de entender los eventos alrededor nuestro, nos llevó, poco a poco, a pasar a fijarnos en los eventos que movían a otros. Al fin, comenzando a estudiar los libros de Allan Kardec, León Denís, Amalia Domingo Soler, Gustave Geley, Gabriel Delanne, Camille Flammarion, Ernesto Bozzano y otros autores contemporáneos que presentaban los postulados espiritistas de una manera cotidiana, amena y actualizada, entonces pudimos empezar a entender y respetar el intelecto y la evolución de tantos espiritistas reconocidos culturalmente.

¿Por qué se es espiritista? Porque cuando comprendes que la **LIBERTAD** es un derecho inalienable, naturalmente provisto al Espíritu, la cual nos llama a valorar el escenario social para el pleno desarrollo de nuestras capacidades, emotivas, intelectuales, espirituales, entonces es que podemos aspirar a liberarnos de las ataduras de creencias que nos llaman a la subordinación y dependencia de individuos más falibles que nosotros mismos e ideologías que recrudecen el orgullo y el egoísmo. Sin embargo, esa falibilidad también tiene una raíz y es atendida y entendida por el Espiritismo. A pesar de la **IGUALDAD** de la esencia que somos todos, Espíritus en evolución constante, cada cual logra cúmulos de experiencia que le hacen diferente, distinto, único y útil. Por consiguiente, la búsqueda de la igualdad de condiciones para que se dé la evolución espiritual de manera cónsona con la evolución de las condiciones de vida y sociedad, deja de ser una elucubración filosófica para convertirse en un deber impostergable.

Comprendiendo la situación de los Espíritus que nos han precedido en el cambio de vida, por el proceso de la desencarnación, obtenemos un inmenso recurso didáctico para nuestras vidas. A manera de ejemplo, vemos cómo el acto de **REPRODUCCIÓN** deja de ser un ejercicio compelido por las fuerzas biológicas que nos llevan a preservar la especie y se convierte en un anhelo de reunión del Espíritu con sus afines, en la familia encarnada. Esos afines, conforman familias, sociedades, grupos, naciones, que con más o menos cualidades en común, añoran despertar a un mejor mañana. La maternidad y la paternidad, dejan de ser, desde la perspectiva espírita, apenas roles otorgados por la naturaleza u obligaciones de carácter legislativo. Se engrandecen y dilatan al demostrar que todos hemos tenido, tenemos y tendremos, a través de las vidas sucesivas, la oportunidad de ejercer dichos roles, de acuerdo con el desarrollo de una conciencia de responsabilidad y compromiso.

Todo esto se da, bajo los auspicios de un **PROGRESO** infinito y constante. A pesar de los tumultos, los choques sociales, los disturbios económicos y las noticias pesimistas y abrumadoras, la esperanza del espiritista nace de la certeza de su inmortalidad y permanencia, en contraste con la temporalidad y transitoriedad de los eventos dolorosos que nos sacuden y tocan en lo más profundo.

El espiritista encuentra en la laboriosidad, en el ejercicio de su intelecto, en fin, en el **TRABAJO** una gran virtud. No sólo contribuye consigo mismo a su propia elaboración y formación integral, sino que se convierte en colaborador de mejores condiciones materiales para otros. Moviéndose dentro de los modelos económicos del lugar o la época en que esté viviendo, el espiritista no busca fijar su felicidad en la acumulación de bienes para la contemplación pasiva de los mismos o para la autocomplacencia egoísta de lo que tiene, en comparación con otros. Más bien, ve en el tener bienes materiales la ocasión potencial de ayudar y compartirlos con otros.

Reconociendo que la **CONSERVACIÓN** de los recursos, del medio ambiente y hasta del propio cuerpo, por ser un recurso perecedero y agotable, es Ley, el espiritista procura el mejor uso y la mayor utilidad, evitando el abuso y la injusticia para consigo mismo y con los demás. Si es líder, busca el bienestar primario de quienes le siguen, pero no a expensas del bien propio, pues comprende que es más útil liderando mientras encarnado que azotando al cuerpo hasta la enfermedad. No obstante, reconoce el provecho que da el ejemplo, comprende la satisfacción del sacrificio, de la abnegación y de la entrega a las causas que buscan proveer dignidad, equidad y justicia a todos los individuos, reconociendo los deberes que competen a la preservación de los derechos alcanzados.

Las miras del espiritista también se fijan más alto al considerar los eventos que provocan **DESTRUCCIÓN**, sean hechos naturales (inclemencias del tiempo) o provocados por la humanidad (guerras), como puentes temporeros que tienden al cambio de manera acelerada. Dichos puentes deben ser cruzados con premura para alcanzar el otro lado; reconstruir, reflexionar en torno a los eventos y aprender las lecciones que allí podamos identificar.

En fin, se es espiritista, cuando el Espíritu está listo para dejar de mirarse solitario, aislado y reprimido por una concepción de la espiritualidad que se basa en el intercambio de favores, adulaciones y el control de quienes se dicen los representantes de las fuerzas que se mueven tras bastidores.

Cuando el espiritista entiende su rol en la **SOCIEDAD**, no puede evitar el involucrarse de una manera u otra, en propiciar cambios de bien para todos. El concepto de secta, de casta, de parcela, se le hace extraño, pues no le mueve el convertir a otros con sus ideas, sino demostrar mediante el ejemplo por qué estas ideas son beneficiosas y le llenan de paz.

La **Conciencia Social Espírita** implica, reconocer el valor de todos los elementos humanos que comprenden la sociedad, señalar lo incorrecto e injusto, no para complacerse y entretenerse, sino, para ofrecer alternativas y soluciones. Aspirando a una evolución consciente de sus deberes para consigo mismo y para con los demás; valora y trabaja para que hayan oportunidades educativas y didácticas; se puede mover en las líneas de la política, como medio de estimular cambios favorables a todos, no sólo a los que comulgan en sus ideas; y es prudente en la dispensación de la justicia y los bienes, pues encuentra su estímulo y combustible interior en la suprema motivación que provee la distribución del **AMOR**, el deseo de que brille la **JUSTICIA** en todas sus manifestaciones y la **CARIDAD** para con todos, mediante actitudes, palabras y actos que demuestran valores invencibles y universales.

El espiritista, cuando ha internalizado lo que el Espiritismo plantea, se libera de los miedos clásicos en torno a la vida, la muerte y su destino. Por otra parte, obtiene contestación satisfactoria y fundamentada en los hechos y la experiencia en torno a las preguntas más trascendentales de la humanidad: ¿Quién soy?, ¿De dónde vengo?, ¿Hacia dónde voy? Y añadimos a estas cuestiones: ¿Qué puedo hacer para alcanzar la Felicidad?

A consecuencia de encontrar las respuestas que busca, el **BIEN,** para el espiritista, no es un concepto abstracto, es un llamado a la construcción de un mejor mañana, para sí mismo y para otros, **mediante la acción diaria, solidaria y fraterna.**

Bibliografía o Referencias

- (1979, 16 de diciembre). *Práctica del Vudú se infiltra en la población blanca de E.U.* El Mundo, Primera Página – P.18-A

- (2007, junio). *Brasil: un país espiritólico.* Opiniao, P. 1.

- Aizpúrua, J. (2000). *Los Fundamentos del Espiritismo*, Caracas: Movimiento de Cultura Espírita CIMA.

- Amorim, Deolindo. *Africanismo y Espiritismo.*

- Argüelles Mederos, A. & Hodge Limonta, I. (1991). *Los llamados cultos sincréticos y el espiritismo.* La Habana: Editorial Academia.

- Bejarano, Mario M. (2000). *Historia de la filosofía en España.* Madrid: Renacimiento.

- *Breve Historia de la Esclavitud.* Recuperado el 10 de septiembre de 2004, de http://www.proyectosalonhogar.com/Diversos_Temas/breve_historia_de_la_esclavitud.htm

- *Characteristics associated with cultic groups-revised.* Recuperado el 20 de diciembre de 2011, de http://www.csj.org/infoserv_cult101/checklis.htm

- Chaves, José R., *Espiritismo y literatura en México.* Recuperado en noviembre de 2011 de http://revistas.unam.mx/index.php/rlm/article/view/28430

- Cintrón, I. (1979, 20 de octubre). *El Espiritismo: El papel que desempeña el Médium.* El Mundo, P. 10-A

- Cintrón, I. (1979, 21 de octubre). *Lo Oculto: Un poderoso imán para miles.* El Mundo, Portada - P.15-A

- Cintrón, I. (1979, 22 de octubre). *Santería y los 15 Babalawos de PR: Culto que se abre camino en la Isla*. El Mundo-Edición Mayagüez, P. 1-A

- Cintrón, I. (1979, 23 de octubre). *Creencias de Santeros: A quiénes dedican sus ofrendas*. El Mundo, Portada - P.14-A

- Cintrón, I. (1979, 24 de octubre). *La Santería: Jerarquía, Rituales y sus Profanadores*. El Mundo, Portada - P.10-A

- Cintrón, I. (1979, 25 de octubre). *El Espiritismo: Su fuerza y arraigo en el pueblo*. El Mundo, P.10-B

- Cintrón, I. (1979, 27 de octubre). *¿Existen realmente los brujos en Guayama?* El Mundo, P.10-A

- Cintrón, I. (1979, 28 de octubre). *Del Manual de un santero*. El Mundo, Portada - P.14-A

- Cintrón, I. (1979, 28 de octubre). *En las botánicas: De todo para un remedio*. El Mundo, P.14-A

- Cintrón, I. (1979, 29 de octubre). *Loíza Aldea: Curanderos sustituyen las brujas de antaño*. El Mundo, P. 14-A

- Conan Doyle, A., *History of Spiritualism*.

- Denis, León (1995). *En lo Invisible*.

- Domingo Soler, Amalia. *La Luz que nos guía*.

- Figueroa, Ivonne. (1996). *Taínos*. Recuperado el 20 de enero de 2005 de http://elboricua.com/history.html

- G. Mather, A.J. Schmidt & L.A. Nichols. (1993). *Dictionary of Cults, Sects, Religions and the Occult*, Michigan: Zondervan.

- Guash, A. (1979, 4 de noviembre). *Espiritismo, santería y fraude en Puerto Rico*. El Mundo, P. 10-C

- http://www.linktopr.com/antepasados.html. Recuperado el 13 de septiembre de 2005.

- Kardec, A. *¿Qué es el Espiritismo?*

- Kardec, A. *El Cielo y el Infierno o la Justicia Divina.*

- Kardec, A. *El Espiritismo en su más simple expresión.*

- Kardec, A. *El Evangelio Según el Espiritismo.*

- Kardec, A. *El Libro de los Espíritus.*

- Kardec, A. *El Libro de los Médiums.*

- Kardec, A. *La Génesis: Los Milagros y las Profecías según el Espiritismo.*

- Kardec, A. *Manual práctico de las manifestaciones espiritistas.*

- Kardec, A. *Obras Póstumas.*

- *La Regla OCHA.* Recuperado el 20 de septiembre de 2006 de http://www.alocubano.com/santeria.htm.

- Malvido, Elsa (2005, Vol. 13 No. 76). Crónicas de la Buena Muerte a la Santa Muerte de México. Revista Arqueología Mexicana, P. 20-27.

- Rodríguez Escudero, Néstor A. (1991). *Historia del Espiritismo en Puerto Rico.* Quebradillas, Puerto Rico.

- Román, Reinaldo L. (2001). *Espiritistas and Espiriteros in 1920's in Puerto Rico.*

- *Santería.* Recuperado el 18 de septiembre de 2004 de http://corazones.org/apologetica/practicas/santeria.htm

- Silva Gotay, S. (1979, 30 de octubre). *¿Son perjudiciales las creencias en lo oculto?* El Mundo, P. 14-A

- Sterns, Pat. (2003). *Santería y los grupos sincréticos en Cuba*. Recuperado el 2 de diciembre de 2004 de http://projects.ups.edu/jlago/spring2003/250b/psterns/

- Tapia, Norma I. (1979, 28 de enero). *Peculiar culto religioso germina en Puerto Rico*. El Mundo, P. 7-C – 11-C

- Vadillo, Alicia E. (2002). *Santería y vodú: sexualidad y homoerotismo*. Michigan: Biblioteca Nueva.

- Vázquez, Lcdo. Jesús M. (1979, 11 de noviembre). *Guayama y la Brujería: Raíces de una tradición*. El Mundo, p. 13-D.

- W.E.B. Du Bois, *The Negro*. Recuperado el 8 de agosto de 2010 de http://sacred-texts.com/afr/dbn/index.htm

Notas sobre el Autor

José E. Arroyo

    José E. Arroyo Romero, nace en el municipio de Caguas, Puerto Rico, el 14 de septiembre de 1974. De familia católica, habiendo estudiado en un colegio bautista y posteriormente en un colegio católico, desde muy niño tuvo inquietudes espirituales. Descubrió sus facultades mediúmnicas al tener contacto con el mediumnismo sincrético a los 12 años y posteriormente con el Espiritismo y su metodología mediúmnica propiamente.

Luego de una intensa búsqueda intelectual y espiritual en diferentes iglesias cristianas, filosofías espiritualistas y sistemas de creencias esotéricas, llega a toparse con la literatura Kardeciana y de ulteriores autores, quienes hacen un llamado a la razón y al buen sentido, los que sustentan sus postulados con investigaciones serias y de rigor científico; literatura esta que promueve el desarrollo de centros de estudio en los que el lucrarse no está permitido ni es apoyado.

En el ámbito formativo y profesional, se gradúa con honores de sus primeros estudios universitarios en el 2005 con un Bachillerato en Humanidades y una Concentración en Estudios Sociohumanísticos de la Universidad del Turabo, Gurabo, Puerto Rico. Allí, como parte de los requisitos para su Bachillerato, fue instado por su mentor académico el Dr. José Carlos Arroyo, a presentar una monografía investigativa sobre el Espiritismo, tema que habían abordado informalmente en sus conversaciones. Recopilando datos, realizando visitas de campo y relatando sus memorias de cuando visitaba agrupaciones mediúmnicas de distinto tipo y trasfondo, presentó ante un panel compuesto por historiadores, comunicadores, sociólogos y psicólogos el trabajo: "El desarrollo del Espiritismo al margen del sincretismo religioso en América". Dicho trabajo le ganó el reconocimiento de los allí presentes, no sólo de los académicos que le evaluaban, sino de los propios espíritas que participaron de la presentación. Fue este trabajo, el que sirvió de base para escribir este libro.

Posteriormente, en el 2008, al considerarse un "humanista de corazón pero mercader de vocación", el autor finaliza sus estudios conducentes a una Maestría en Administración de Empresas con una especialización en Mercadeo (MBA), de la Universidad Metropolitana en San Juan, Puerto Rico.

En el ámbito espírita, fue miembro de la Escuela de Consejo Moral de Puerto Rico y posteriormente del Instituto de Cultura Espírita Renacimiento de Mayagüez, Puerto Rico. Desde los 16 años, ha servido como conferenciante en Simposios, Congresos, Encuentros, Conferencias Públicas, Talleres y múltiples eventos espíritas en y fuera de Puerto Rico.

De verbo fluido y simpatía magnética, ha forjado relaciones fraternales con líderes espíritas de opiniones opuestas, invitando a mantener el equilibrio que dispensa de las polarizaciones.

Al momento de publicación de este libro, completó su título de Profesional con un Certificado en Tanatología y Salud Integral, provisto por la División de Educación Continua y Estudios Profesionales (DECEP) de la Universidad de Puerto Rico en Río Piedras y es el Primer Vice-Presidente del Consejo de Relaciones Espírita Puertorriqueño Inc. (CREPU).

Desde su fundación en el 2006, ha servido como Director de la Escuela Espírita Allan Kardec Inc., en Puerto Rico, la cual considera su proyecto de VIDA. Allí, José, como gusta que le llamen, es uno de varios facilitadores y recursos en las tareas didácticas de dicha institución, así como también forma parte del Equipo Mediúmnico que ofrece sus servicios en esta Escuela.

www.ingramcontent.com/pod-product-compliance
Lightning Source LLC
Chambersburg PA
CBHW051842040426
42447CB00006B/658